CLUB MUSIK 1

Lehrerband

von

Gerhard Wanker · Bernhard Gritsch · Maria Schausberger

HELBLING
Rum/Innsbruck • Esslingen

Inhalt

	Zeichenerklärung	4
	Vorwort	5
	Erläuterungen zu Quiz-Box und Musikquiz	6
1	**Wir lernen uns kennen**	**7**
	HALLO, WER BIST DU?	7
	Weitere Gestaltungsmöglichkeiten	7
2	**Unsere Stimme**	**9**
	Resonanzkörper	9
	OLD MAC DONALD	9
3	**Notenschrift 1**	**9**
	Notenwerte und Pausen	9
	Moved notes: Notenwerte-Bewegungsspiel	9
	Notenwerte-Domino	11
	Arbeistblatt *Notenwerte-Domino*	12
4	**Wir machen Musik**	**13**
	Wir lernen Instrumente kennen	13
	Instrumenten-Erkennungsspiel	13
5	**Wir hören zu**	**14**
	Auf der Suche nach Klängen und Geräuschen	14
	Hör-Orientierungslauf	14
6	**Wir spielen auf körpereigenen Instrumenten**	**14**
	Arbeitsblatt *Piccadilly-Marsch*	14
7	**Wolfgang Amadeus Mozart**	**15**
	Informationen zu Mozarts Familie	15
	Informationen zu Mozarts Europareise	16
	Sonate	17
8	**Lautschulung für den Vokal „O"**	**19**
9	**Metrum**	**19**
	METRUM-KANON	19
	Übungen mit der Metrumzeile	19
	Arbeitsblatt *Metrum*	20
10	**Ludwig van Beethoven**	**20**
	Informationen zu Beethovens Familie	20
	Für Elise	21
	Achtung Aufnahme	21
11	**Notenschrift 2**	**22**
	Oktavräume	22
	NOTENNAMEN-KANON	22
	Scale song	22
	Weitere Übungsmaterialien zum Kapitel Notenschrift 2	23
12	**Lautstärke in der Musik**	**28**
	Dynamik-Karussell	28
	Dynamische Verläufe	28
	Dynamik dirigieren	28
	GAR FINSTER IST'S IM TIEFEN WALD	28
	Hörquiz	28
13	**Zweiteilige Liedform**	**29**
	FRÖHLICH IST DIE WEIHNACHTSZEIT	29
	Deutscher Tanz	29
14	**Takt**	**30**
	Takt-Spiele	30
15	**Poptanz**	**31**
	Lemon Tree	31
16	**Rhythmus**	**32**
	Go on rhythm	32
	Rhythmus-Tor	32
	Rhythmus-Würfel	33
17	**Lautschulung für den Vokal „U"**	**34**
18	**Wir experimentieren mit unserer Stimme**	**34**
	Die Klang-Achterbahn	34
	In der Klangstraße	34
	Wenn Wörter klingen	34
	Die Stimme in Neuer Musik	35
19	**Partitur**	**35**
20	**Intervalle**	**36**
	Intervall-Zeile	36
	Intervall-Spiel	36
21	**Versetzungszeichen**	**37**
	Rätselwörter	37
	Geheimbotschaft im Zoo	37
	Dur-Tonleitern mit Versetzungszeichen	37
22	**Dreiteilige Formen**	**38**
	MUSETTE	38
23	**Lautschulung für den Vokal „A"**	**39**
24	**Joseph Haydn**	**39**
	Führung durch ein Haydn-Museum	39
	Vorschläge für die Beschäftigung mit den innerhalb der Führung angebotenen Musikstücken	40
25	**Wir tanzen eine Geschichte**	**44**
	Karneval der Tiere	44
26	**Auf der Showbühne**	**46**
	SCHULBLUES	46
27	**Tanz aus Rumänien**	**47**
	Alunelul	47
28	**Auf der Musikmesse**	**48**
	Chormusik	48
	Sinfonische Musik	48
	Oper	49
	Volksmusik	51
	Popmusik	51
	Jazz	52
29	**Lautschulung für den Vokal „I"**	**52**
30	**Musikalische Bausteine**	**53**
	BEETHOVEN-SONG	53
	Schicksalsmotiv	53
31	**Dreiklang**	**53**
	DREIKLANG-SPIELSTÜCK	54
32	**Tempo**	**54**
	Tempobezeichnungen	54
	TANCUJ – TANZ NUR	55
33	**Lautschulung für den Vokal „E"**	**55**
34	**Klänge in der Musik**	**56**
	Toneigenschaften	56
35	**Tanzlied aus Südamerika**	**56**
	UN POQUITO CANTAS	56

#		Page		#		Page
36	**Bewegungslied**	57		54	**Synkope**	89
	MIT MUSIK GEHT ALLES BESSER	57			FREUDE, SCHÖNER GÖTTERFUNKEN	90
37	**Weißt du noch?**	58		55	**Stimmlagen**	90
	Arbeitsblatt *Kreuzworträtsel*	58			Playbacksingen	90
38	**Musik im Fernsehen**	61			Mitlesepartitur zu Hörbeispiel D16	92
	Eurovisionsmelodie	61		56	**A-Rap**	94
39	**Takt spezial**	64		57	**Pentatonik**	94
	Auftakt	64			LAND OF THE SILVER BIRCH	94
	Verschiedene Taktarten	65		58	**Johann Sebastian Bach**	95
	Geheimnisvoller Reigen der jungen Mädchen	65			Wichtige Stationen im Leben Johann Sebastian Bachs	95
40	**Marsch**	66		59	**Rondo**	98
	Preußens Gloria – Militärmarsch	66			Johann Sebastian Bach: Violinkonzert in E-Dur	98
	Triumphmarsch – Aida	67			Bogenrondo	98
	Hochzeitsmarsch – Ein Sommernachtstraum	67		60	**Moll**	99
	Noten zu Triumphmarsch, Hochzeitsmarsch, Trauermarsch	68			Zusätzliche Übungen	99
	Marsch-Performance	70			Frédéric Chopin	101
41	**Spielen mit Boomwhackers: Peanuts**	70		61	**I-Rap**	102
42	**Noten mit Versetzungszeichen**	71		62	**Komponistenwerkstatt**	102
	Enharmonische Verwechslung	72			MotivitoM	102
	SHARP AND FLAT	72		63	**Musiktheater**	102
	Chromatisches Notenquartett	73			Tanz der Vampire	102
	Enharmonisches Notendomino	76		64	**Peer Gynt**	103
43	**O-Rap**	77			In der Halle des Bergkönigs	103
44	**Volksmusik aus Südosteuropa**	77			Choreografie mit Tüchern/ohne Tücher	104
	ERNTE-KOLO	77		65	**Lieder und ihre Texte**	106
	Tanzausführung zu *Ernte-Kolo*	77			RAUCH IM WIND	106
	DAĞLAR GİBİ DALGALARI	77			Über den Text	106
45	**Wir reagieren musikalisch**	78			Liedinhalte	106
	Reifenhüpfer-Spiele	78		66	**Musik zu Anlässen**	107
	Johannes Brahms	78			Feuerwerksmusik	107
46	**Triole**	79			Arbeitsblatt *Menuett 1 und 2*	108
	Bolero	80			Georg Friedrich Händel	109
47	**Variation**	82		67	**E-Rap**	110
	AH, VOUS DIRAI-JE, MAMAN	82		68	**Musik aus Afrika**	110
	Variationsspektakel	83			BAGA GINÉ – DIE BAGA-FRAU	110
	Mozartvariationen	83			Pata Pata	110
	Ah, vous dirai-je, Maman im modernen Sound	83		69	**Musik aus Nordamerika**	110
48	**Weihnacht**	84			Country Music	110
	THE TWELVE DAYS OF CHRISTMAS	84			Square Dance	110
49	**Ausgewählte Instrumente und Ensembles**	84		70	**Musik aus unserer Zeit**	111
	Instrumentalensembles in verschiedenen Besetzungen	84			Arbeitsblatt *Komposition*	111
	Die Instrumente des Orchesters	85			Grafische Notation	111
50	**Musik hören und darstellen**	85			Instrumentalkomposition – Exchange	112
	Arbeitsblatt *Clair de lune*	85		72	**Anhang**	113
51	**U-Rap**	86			Verzeichnis der Hörbeispiele	113
52	**Terzen und Dreiklänge**	86			Multimedia-Verzeichnis	118
	Arbeitsblatt *Dreiklänge*	87			Verzeichnis der Arbeitsblätter	119
53	**Lateinamerikanische Musik**	89			Tabelle der Kompetenzbereiche	120
	Oye como va	89				
	LA BAMBA	89				

Zeichenerklärung

▶ Arbeitsaufgabe

 Hörbeispiel

 Vokales Warm-up
auf das jeweilige Lied abgestimmte vokale Aufwärmübungen zu den Bereichen Lockerung, Atmung, Sprechen und Singen

 Arbeitsblatt

 Multimedia-CD-ROM
Musikquiz, Lernspiele, multimediale Spiel-mit-Sätze und Hörpartituren

 Videobeispiel

Symbole für körpereigene Instrumente und Körperaktionen

- ■ = mit den Fingern schnipsen
- | = in die Hände klatschen
- ↓ = mit den Händen auf die Oberschenkel klopfen (patschen)
- ↓ = mit einer Hand auf den Handrücken der anderen Hand tippen
- ↘ = mit der rechten Hand auf die linke Schulter tippen
- ↗ = mit der linken Hand auf die rechte Schulter tippen
- ↕ = dirigieren
- ‖ = in die Hände des Partners klatschen
- ⅄ = aufstehen
- ⊢ = hinsetzen

- L = mit dem rechten Fuß sanft stampfen
- ⌐ = mit dem linken Fuß sanft stampfen
- ☻ = mit dem Kopf nicken
- ☻ = Kopf kurz nach rechts drehen
- ☻ = Kopf kurz nach links drehen
- ✋ = mit beiden Händen vor dem Kopf nach rechts wischen
- ✋ = mit beiden Händen vor dem Kopf nach links wischen
- ↻ = ganze Drehung um die eigene Achse
- Y = beide Arme in die Höhe strecken

Spiel-mit-Satz: Buchstabennotation

Spiel-mit-Sätze in Buchstabennotation können mit einzelnen Klangbausteinen ausgeführt werden. Es kann aber auch ein komplettes Stabspiel für die Ausführung (waagrecht zu lesen) verwendet werden. Die Basstöne können z. B. von einem Bassstabspiel oder Keyboard/Klavier gespielt werden.

Spiel-mit-Satz: Boomwhackers

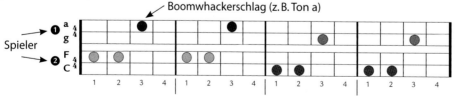

Boomwhackers werden auf die Oberschenkel oder in die Hand (bei einer Röhre pro Spieler) geschlagen. Die Farben der Punkte entsprechen jenen der Boomwhackers. Mit aufgesteckter Basskappe (= Oktavator) klingt das Rohr eine Oktave tiefer.

Quiz-Box

Nach einem oder mehreren Kapiteln ist das Wesentliche des jeweiligen Lerninhalts in Form von Fragen in der Quiz-Box zusammengefasst. Alle diese und weitere Fragen können im Computer-Lernspiel Musikquiz (CD-ROM) beantwortet werden.

Vorwort

CLUB MUSIK ist ein Unterrichtswerk, das Schülern Musik in Form aktiven Handelns und Erlebens nahebringen soll. Alle im Lehrplan geforderten Inhalte werden zielgerichtet vermittelt, wobei die Förderung der Kreativität im Vordergrund steht.

Großer Wert wurde auf einen konsequenten Aufbau gelegt, ausgehend von der Überzeugung, dass der Erwerb musikalischer Fähigkeiten wie Singen, Musizieren, Bewegen, bewusstes Hören, kreatives Gestalten und die Vermittlung musikalischen Wissens in kleinen Schritten und kontinuierlich erfolgen muss. Dazu dienen Grundprinzipien, die über alle Kapitel verteilt ständig wiederkehren. Beispiele hiefür sind u. a. Vokale Warm-ups (VW) im Bereich der Stimmbildung am Lied, Stücke zur Lautschulung („Raps") oder das Instrumentalspiel in Form von Spiel-mit-Stücken für Bodypercussion, Boomwhackers und Stabspiele (Buchstabennotation und absolute Notation).

Besonderer Wert wurde darauf gelegt, dem Prinzip des ganzheitlichen Unterrichtens zu entsprechen. Bei der Aufbereitung des Lehrstoffs wurde berücksichtigt, dass der Zugang zum jeweiligen Thema, unter Einbeziehung spielpädagogischer Aspekte, über verschiedene Ebenen musikalischer Aktivität möglich ist, z. B. in der Kombination von Singen, Bewegen und Gestalten oder Musikhören mit Rollenspiel usw.

Die Kopiervorlagen der Arbeitsblätter enthalten zusätzliche Aufgaben und können als Vorlage zur Lösung der Aufgaben im Schülerbuch dienen. Für die Sicherung des Unterrichtsertrags und die Lernzielkontrolle sind die Quizbox und das Musikquiz (CD-ROM) vorgesehen.

Zum Schülerbuch erhältlich ist eine Audio-Box mit 5 CDs. Diese enthalten alle für den Unterricht notwendigen und auf die jeweiligen Arbeitsaufgaben abgestimmten Hörbeispiele: Playbacks, Tänze, musikalische Übungsbeispiele, Werkausschnitte.

Der vorliegende Lehrerband enthält methodische und didaktische Erläuterungen, Lösungen sowie Lösungsvorschläge zu den Aufgaben im Schülerbuch und bietet Alternativen zu einzelnen Unterrichtssequenzen, Notenmaterialien zu den Hörbeispielen, musikhistorische Zusatzinformationen und Kopiervorlagen.

Eine wesentliche Ergänzung des Lehrerbands stellt die Multimedia-Box dar. Sie enthält auf einer Video-DVD Videobeispiele musikalischer Werke für Lernende sowie zahlreiche Filmsequenzen für Lehrende, die Durchführung und mögliche Ergebnisse von aktiven, kreativen, tänzerischen und gestalterischen Unterrichtssequenzen zeigen. Das Musikquiz, mit dem in Form von Quizfragen die Inhalte der Kapitel des Schülerbuchs wiederholt werden können sowie weitere Lernspiele zu verschiedenen Themen befinden sich auf der CD-ROM. Multimediale Spiel-mit-Sätze und Hörpartituren ergänzen das mediale Angebot.

Erläuterungen zu Quiz-Box und Musikquiz

Quiz-Box

Die Fragen in der Quiz-Box können sowohl zur Sicherung als auch zur Vertiefung oder Wiederholung angewendet werden. Darüber hinaus können von den Lehrenden oder Schülern nach eigenem Ermessen weitere Fragen frei formuliert werden.

Die Fragen der Quiz-Box (und die selbst erarbeiteten Fragen) können in der lehrerzentrierten Form mündlich oder als schriftliche Wiederholung bzw. Test gestellt werden. In einer schülerzentrierten Version können die Fragen in Partner- oder Gruppenarbeit mündlich oder schriftlich gestellt und beantwortet werden.

Musikquiz

Das Musikquiz (CD-ROM) kann im Unterricht als spannendes digitales Spiel zur Wiederholung des Lernstoffs genutzt werden. Insgesamt stehen 368 Fragen zur Verfügung, die mit Bild- und Tonunterstützung in Wettbewerbsform oder auch zu Trainingszwecken beantwortet werden müssen.

Alle Fragen der im Schülerbuch abgedruckten Quiz-Boxen sind im Musikquiz enthalten, darüber hinaus auch zusätzliche Fragen, die nach dem Prinzip des Multiple-Choice-Verfahrens zu beantworten sind.

Die Fragen des Musikquiz sind in die Kategorien leicht, mittel und schwer unterteilt, wobei in der Kategorie mittel für jede Frage ein Tipp zur Verfügung steht, der die Beantwortung der Frage erleichtern soll. Zudem besteht einmal im Spiel die Chance, zwei der vier angegebenen Antwortmöglichkeiten auszuschließen.

Ein vollständiges Spiel umfasst 15 Fragen (5 Fragen pro Kategorie leicht, mittel und schwer) und wird in Wettbewerbsform mit mitlaufender Zeit gespielt. Je schneller die Fragen beantwortet werden, umso höher ist der Score. Um sich bestmöglich auf ein Spiel vorzubereiten, kann zunächst im Trainingsmodus geübt werden. Dabei läuft keine Zeit mit und es werden auch keine Punkte vergeben.

Das Musikquiz ermöglicht das Filtern von Fragen zu einzelnen Kapiteln im Schülerbuch, das Auswählen von bestimmten Themengebieten oder das gezielte Suchen nach Personen, sodass das Spiel bereits zu einem frühen Zeitpunkt im Unterricht nach individuellem Bedarf eingesetzt werden kann.

Das Musikquiz kann prinzipiell in zweierlei Hinsicht genützt werden:

1. In der lehrerzentrierten Form ist der Computer idealerweise mit einem Beamer verbunden. Der Audio-Ausgang ist an eine Stereoanlage (Aktivboxen) angeschlossen. Auch eine Projektion über ein interaktives Whiteboard ist möglich.

2. In der schülerzentrierten Form wird ein Raum mit mehreren EDV-Arbeitsplätzen (idealerweise mit Kopfhörern ausgestattet) genutzt. Zwei Schüler pro Arbeitsplatz verwenden das Musikquiz als Einzel- oder Partnerspiel.

Ergänzend zum Musikquiz des Schülerbuchs wird die CD-ROM *Das große Musikquiz mit Quizmaker* empfohlen. Mit dem *Quizmaker* können vorgefertigte Fragen zusätzlich mit selbst erstellten Fragen (Text, Bild und Ton) frei kombiniert und das Wiederholen und die Festigung des Lernstoffs somit ganz auf den individuellen Bedarf abgestimmt werden.

Wir lernen uns kennen 1

HALLO, WER BIST DU?

Playback zu *Hallo, wer bist du?* A1

▸ **Vorübung**

Es ist günstig mit Teil B zu beginnen.

- Der Lehrer spricht den Text rhythmisch richtig vor („Ich bin ich …"), die Schüler sprechen nach.
- Der Lehrer zeigt zum Sprechen die Gestaltung mit körpereigenen Instrumenten vor, die Schüler machen diese nach.

Teil A soll über das Hören erlernt werden: Zuerst hören die Schüler zu, dann singen sie die Melodie auf einer Tonsilbe mit, sobald sie dazu in der Lage sind. Bei Teil B wird der Rhythmus ausgeführt (siehe Schülerbuch).

▸ **Durchführung**

Hinweis: Für einen „flüssigen" Ablauf ist es günstig, wenn ein Schüler das Schreibgerät (Kreide/Filzschreiber) dem nächsten in die Hand gibt. Dieser steht schon in Bereitschaft.

◆ **Weitere Gestaltungsmöglichkeiten**

1. Spielvariante: *Hallo, wer bist du?* – Singen/Sprechen

Anstelle des Namenaufschreibens bei Teil B kann sich jedes Kind singend/sprechend vorstellen.

1. Spielvariante: (Wähle von den drei Möglichkeiten eine aus und sing/sprich sie.)	
1 Schüler allein:	alle antworten:
1. Ich heiße ...... *Markus.*	1. Du heißt ...... *Markus.*
2. Mein Name ist ...... *Kathi.*	2. Dein Name ist ...... *Kathi.*
3. Ruft mich bitte ...... *Julia!*	3. ...... *Julia, Julia!*

Hinweise

- Für die 1. Spielvariante ist das Hörbeispiel A1 nicht geeignet. Sie kann mit Klavier oder Gitarre begleitet werden.

Musikalischer Vorschlag zur 1. Spielvariante

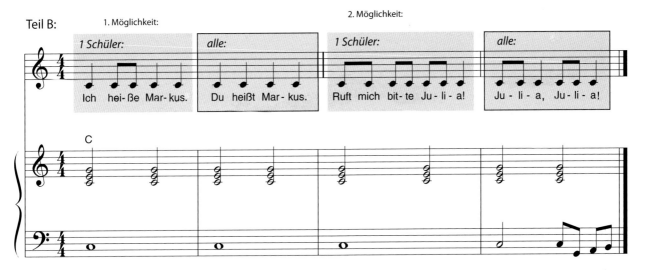

- Bei der 1. Spielvariante können zwei oder auch mehrere Schüler unmittelbar hintereinander an die Reihe kommen. Es bleibt dem Lehrer überlassen, wann er wieder in den Teil A (Lied) überleitet.

Durchführungsmöglichkeiten

- Alle stellen sich im Kreis auf und singen gemeinsam den Teil A (Lied).
- Der Solist stellt sich singend/sprechend vor, die anderen antworten und zeigen dabei mit der Hand auf den Solisten (Teil B).

Diese Fassung kann gestaltet werden:

a) a cappella
b) Der Lehrer begleitet das Lied auf Klavier/Keyboard/Gitarre und spielt den harmonischen Ablauf (siehe musikalischer Vorschlag zur 1. Spielvariante auf S. 7).

Vorschlag für eine Klavierbegleitung

Einleitung

Teil A: *Lied*

Teil B: *Rhythmusteil*

2. Spielvariante: *Hallo, wer bist du?* – Bewegen

Kreisaufstellung:

Während alle das Lied (Teil A) singen, geht ein Schüler im Inneren des Kreises herum und bleibt am Schluss des Lieds vor einem anderen stehen. Dieser stellt sich singend/sprechend vor (1. Spielvariante), geht dann in den Kreis und bildet vor dem anderen Schüler den Kopf einer „Personenschlange". Diese bewegt sich, während das Lied (Teil A) gesungen wird, fort und bleibt am Schluss des Lieds vor einem Schüler stehen, der sich wiederum singend/sprechend vorstellt. Das Spiel wiederholt sich so lange, bis der Kreis aufgelöst ist, und alle Kinder in der „Personenschlange" sind.
Die musikalische Gestaltung erfolgt wie bei der 1. Spielvariante.

Unsere Stimme 2

◆ Resonanzkörper

▸ **Überprüft es:**
- Notiert diese Körperstellen in euer Heft.

  Mögliche Antworten zu „Murmeltier" (schraffierte Stellen): Kopfdecke, Nase, Kiefer, Kinn, Hals, Brust, Hüften

  Hinweis

  Da die Schüler die Schwingungen an unterschiedlichen Stellen spüren können, sind auch individuelle Lösungen möglich.

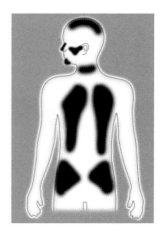

OLD MAC DONALD

Spiel-mit-Satz zu *Old Mac Donald*

Hinweise

Der Spiel-mit-Satz zu *Old Mac Donald* kann
- ohne Gesang mit dem Playback ausgeführt werden.
- gleichzeitig mit dem Singen ausgeführt werden.
- in zwei Gruppen ausgeführt werden:
  Eine Gruppe singt, die andere führt den Spiel-mit-Satz aus.

Playback zu *Old Mac Donald*

A2

Multimedialer Spiel-mit-Satz

Notenschrift 1 3

◆ Notenwerte und Pausen

Aufgrund des unterschiedlichen Informationsstands der Schüler muss der zeitliche Aufwand für die Erklärung der Noten- und Pausenwerte dementsprechend abgestimmt werden.

◆ Moved notes: Notenwerte-Bewegungsspiel

Bei diesem Musikstück werden die Notenwerte Halbe, Viertel und Achtel verwendet. Sie sollen vom Hören her erkannt und durch das Spiel-mit-Prinzip erfahren werden.

Zusätzliche Vorübungen
- Die Schüler gehen nach gleichmäßigen Trommelschlägen ohne einander zu berühren durch den Raum und richten das Tempo der Schrittfolge nach den Trommelschlägen aus.
- Das Tempo der Trommelschläge kann verändert werden. Accelerando und ritardando sollen eingebaut werden, damit die Schüler das Gehörte in ihrer Schrittfolge richtig umsetzen können.
- Angabe der Schläge in Halben, Vierteln und Achteln, wobei für jeden Notenwert ein anderes Instrument verwendet werden kann (z. B.: Halbe = Becken, Viertel = Handtrommel, Achtel = Claves).

Für Übungszwecke ist es günstig, wenn der Lehrer die Melodie zuerst nicht vom Tonträger, sondern auf einem Instrument spielt.

Musik: Gerhard Wanker
© Helbling

MOVED NOTES

Playback zu *Moved notes*

A3 Das Hörbeispiel A3 beginnt mit vier Takten Einleitung. Form: A–B–A.

▶ **Durchführung**

Moved notes

Einteilung in drei Gruppen
Ausgangsposition: Die drei Gruppen nehmen im Raum so Aufstellung, dass sie sich nicht gegenseitig im Weg stehen (siehe Abbildung im Schülerbuch). Anleiter sollen Schüler sein, die die Aufgabe sicher bewältigen.

Gruppe A reagiert auf Halbe. Der Anleiter schlägt mit einem Schlägel auf ein Hängebecken und geht als Erster in der Reihe. Die anderen gehen in Schritten nach dem Tempo der halben Noten und patschen gleichzeitig, wenn sie in der Musik Halbe hören. Wenn keine Halben zu hören sind, bleibt die Gruppe stehen und wartet auf ihren nächsten Einsatz.

Gruppe B reagiert auf Viertel. Der Anleiter spielt mit einem Schlägel auf einer Handtrommel, die anderen klatschen. Weitere Anleitung wie Gruppe A.

Gruppe C reagiert auf Achtel. Der Anleiter spielt mit Claves, die übrigen tippen mit einer Hand auf den Handrücken der anderen. Weitere Anleitung wie Gruppe A.

Hinweis

Falls im Klassenraum zu wenig Platz für die „Gehfassung" vorhanden ist, kann das Spiel auch im Sitzen ausgeführt werden. Jene Gruppe, deren „Notenwerte" zu hören sind, steht auf und klatscht (Viertel), patscht (Halbe), tippt (Achtel) dazu.

◆ Notenwerte-Domino (→ Arbeitsblatt S. 12)

Bei Verwendung des Arbeitsblatts kann zusätzlich zu den Aufgaben im Buch folgendes Spiel ausgeführt werden:

▶ Schneidet das Notenwerte-Domino aus. Legt die Kärtchen folgerichtig aneinander, sodass die letzte Karte an die erste anschließt.

Hinweis

Damit die Karten richtig aufgelegt werden können, ist jede Karte in der linken oberen Ecke mit einem Sternchen gekennzeichnet.

Mögliche Lösung, wenn sich die Dominostraße schließen soll:

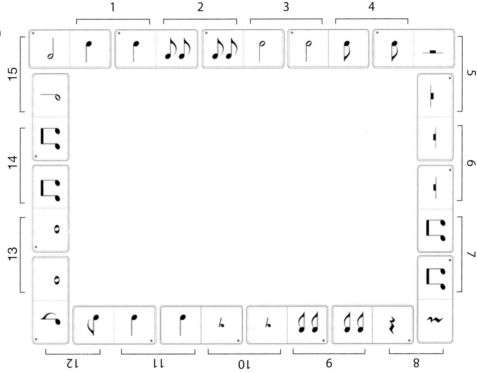

Lösung, wenn man mit dem ersten Paar beginnt (wie oben):

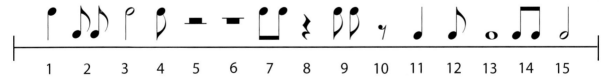

Lernspiel Notenwerte- und Pausen-Memory

Lernspiel Notenwerte- und Pausen-Memory

Das Spiel folgt den bekannten Memory-Spielregeln: Zwei einander entsprechende Karten, in diesem Fall mit einem Notenwerte- bzw. Pausen-Zeichen und seiner jeweiligen Bezeichnung, müssen gefunden werden. Die Schüler können einzeln oder zu zweit spielen, auch ein Spiel mit der ganzen Klasse (Projektion mit Beamer) ist möglich. Es stehen drei Levels zur Verfügung:

- Level 1: 12 Kärtchen; Ganze, Halbe, Viertelnote bzw. -pause
- Level 2: 16 Kärtchen; zusätzlich Achtelnote bzw. -pause
- Level 3: 20 Kärtchen; zusätzlich Sechzehntelnote bzw. -pause

Arbeitsblatt *Notenwerte-Domino*   Kopiervorlage

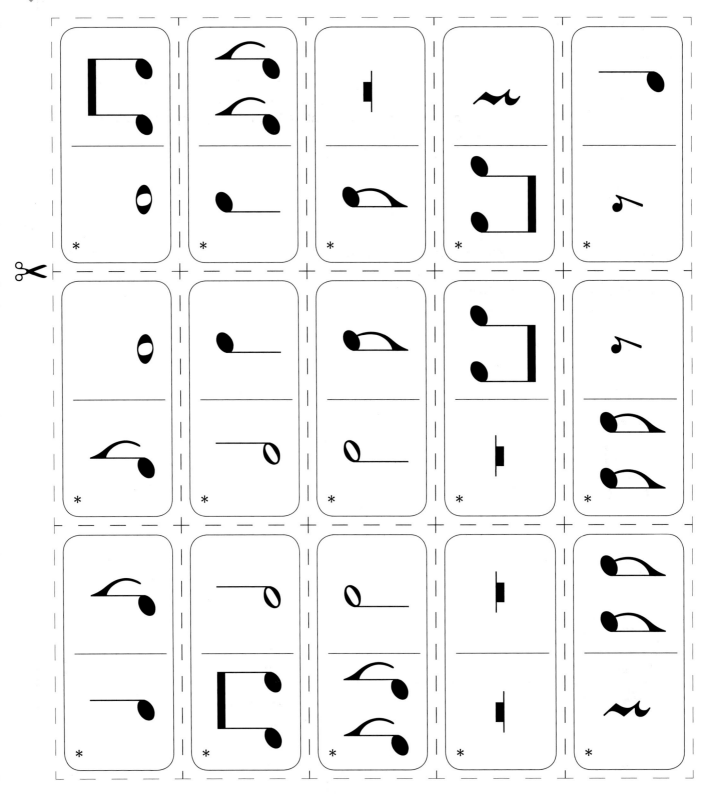

▶ Schreibt die Notenwerte/Pausen eurer gelegten Dominostraße auf. Schreibt jedes Zeichen nur einmal. Beginnt mit dem ersten Paar.

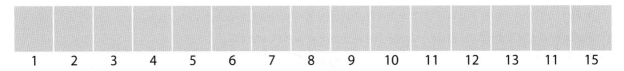

1   2   3   4   5   6   7   8   9   10   11   12   13   11   15

Wir machen Musik 4

◆ Wir lernen Instrumente kennen

▸ Wir spielen auf den oben abgebildeten Instrumenten
- Jedes Instrument hat eine Nummer. Spielt nach einer vorher festgelegten Zahlenkombination.
Verwendet werden können: - Geburtsdaten: z. B. W. A. Mozart: 27. 1. 1756 (= es spielen in der Reihenfolge die Instrumente 2, 7, 1, 1, 7, 5, 6), eigenes Geburtsdatum
- Hausnummern
- Uhrzeit: z. B. 9.45 Uhr = 9, 4, 5

◆ Instrumenten-Erkennungsspiel

Playback zu *Instrumenten-Erkennungsspiel*

A4

▸ In den Pausen soll immer jenes Instrument gespielt werden, das vorher im Hörbeispiel A4 zu hören ist.

Im Hörbeispiel A4 werden die Instrumente mit folgenden zweitaktigen Rhythmen/Tonfolgen gespielt. Sie erklingen nacheinander und sind durch zweitaktige Pausen (Orientierungsklicks auf 1 und 3) getrennt, in denen die Schüler antworten können.

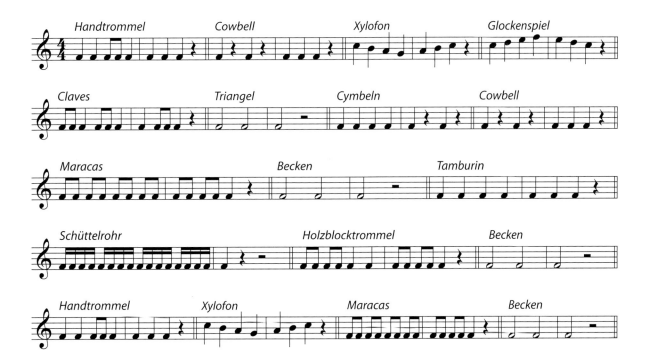

Hinweise

- Beim Spielen in den zweitaktigen Pausen des Hörbeispiels A4 ist darauf zu achten, dass jeder Schüler rechtzeitig mit dem Spielen seines Instruments wieder aufhört, damit man das nächste Instrument gut hören kann.
- Die Aufgabe ist erfüllt, wenn jeweils jenes Instrument antwortet, das man vom Hörbeispiel A4 gehört hat.
- Eine besondere Leistung ist es, wenn der Spieler beim „Antworten" auch den Rhythmus bzw. die Tonfolge der Vorgabe übernehmen kann.

5 Wir hören zu

Bei den auditiven Sensibilisierungsübungen soll der Lehrer darauf achten, dass sich alle Schüler auf das Hören konzentrieren.

◆ Auf der Suche nach Klängen und Geräuschen

▶ Spielt „Hör-Detektiv" und notiert die Reihenfolge der Hörbeispiele als Zahlenfolge in euer Heft.

Klänge und Geräusche

A6–23   Lösung:

(1) Gitarre, (15) Trommel, (7) zerbrechendes Glas, (18) Orgel, (11) Zähne putzen, (6) Rockband, (13) Violine, (16) Hubschrauber, (14) Vögel, (8) Orchester, (5) Lachen, (3) Streichholz anzünden, (10) Eisenbahn, (4) Blockflöte, (12) Limonade einschenken, (2) Frauenstimme, (9) Korken ziehen, (17) Motorrad

◆ Hör-Orientierungslauf

▶ **Orientierungslauf für alle**

Orientierungslauf für alle

▶ **Jemanden musikalisch durch den Raum führen**

Jemanden musikalisch durch den Raum führen

Im Videobeispiel wird eine Schülerin vokal durch die Hindernisse geführt.

6 Wir spielen auf körpereigenen Instrumenten

Spiel-mit-Satz zu *Piccadilly-Marsch*
E. Satie, *Piccadilly-Marsch*

A24

Multimedialer Spiel-mit-Satz

Arbeitsblatt *Piccadilly-Marsch*   Kopiervorlage

▶ Erfindet für die Zeilen G bis I eine eigene, zur Musik passende Bodypercussion und schreibt sie in das Arbeitsblatt. Ihr könnt auch neue Aktionen erfinden.

Wolfgang Amadeus Mozart 7

Die Aufgabe, zehn- bis elfjährigen Schülern einen Menschen näher zu bringen, der schon längere Zeit tot ist, kann dadurch erleichtert werden, dass man zu jenen Lebensphasen Bezüge schafft, die von Zehn- bis Elfjährigen schon durchlebt wurden und deshalb auch begreifbar sind. Aus diesem Grund stehen Informationen über Kindheit und Jugend im Vordergrund und werden vom Lehrer erlebnisorientiert vermittelt.

Stammbaum

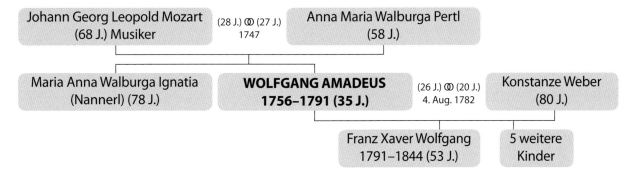

Informationen zu Mozarts Familie

Mozarts Vater **Johann Georg Leopold** erhielt eine ausgezeichnete humanistische Ausbildung: Er lernte vier Fremdsprachen sowie die Instrumente Violine und Orgel und studierte Philosophie und vermutlich auch Jura. Später wurde er Geigenlehrer und Vizekapellmeister an der fürsterzbischöflichen Hofkapelle in Salzburg.
Er komponierte u. a. 30 Sinfonien und war der äußerst ehrgeizige Lehrer seines Sohnes. Der Drang, seine Kinder als „Wunderkinder" auf beschwerlichen Reisen der Welt vorzuführen, hat vielleicht zu Wolfgangs Krankheiten und seinem frühen Tod geführt.

Von seiner Mutter, die während einer Reise mit Wolfgang in Paris an Typhus starb, hatte Wolfgang sein heiteres Gemüt und seinen Sinn für Humor.

Wolfgangs Schwester, auch „**Nannerl**" genannt, war nach Aussagen des Vaters die geschickteste Klavierspielerin Europas. Sie begleitete Mozart auf dessen Reisen und war ihm zeitlebens herzlich verbunden.

Seine Frau **Konstanze Weber** war eine Berufssängerin, die Mozart auf einer Konzertreise kennen gelernt hatte. Nach Mozarts Tod veröffentlichte sie zusammen mit ihrem späteren Ehemann eine Biografie über Mozart.

Der Ehe entstammen sechs Kinder, von denen zwei das Säuglingsalter überlebten: **Franz Xaver** wurde ebenfalls Musiker und unternahm Konzertreisen durch Europa.

W. A. Mozart, 1. Menuett in G-Dur

A25

15

Informationen zu Mozarts Europareise 1763–1766

Mozarts Lebenszeit betrug genau 13.097 Tage, das sind 35 Jahre, 10 Monate und 9 Tage. Fast ein Drittel seines Lebens, insgesamt 3.720 Tage, das sind 10 Jahre, 2 Monate und 8 Tage war er auf Reisen.

Während die Schüler anhand der „Erinnerungen" die Reiseroute der Europareise verfolgen, soll der Lehrer den Schülern die Reiseverhältnisse der damaligen Zeit lebensnah schildern. Als Hilfe soll folgendes Informationsmaterial dienen:

Die Familie Mozart verlässt Salzburg am 9. Juni 1763 und ist 1.172 Tage mit der Postkutsche unterwegs. Bereits bei Wasserburg – es war die erste Station von Salzburg nach München – ereignete sich Folgendes: „2 Stunden außer Wasserburg brach uns ein hinteres Rad in Stücken. da saßen wir. zum Glücke war es heiter und schön, und noch zum größeren glücke war in der Nähe eine Mühle" (Leopold Mozart an seinen Hausherrn Johann Lorenz Hagenauer, 11. Juni 1763).

Wolfgang sieht München wieder, wohnt im Goldenen Hirschen, konzertiert in der Geburtsstadt seines Vaters, Augsburg, wohnt hier in den noblen Drei Mohren, spielt auf der Orgel des Ulmer Münsters, fährt über Heidelberg nach Mannheim, reist weiter nach Mainz und gibt Konzerte in Frankfurt am Main. Per Schiff geht es weiter nach Koblenz, Bonn und Köln. Über Aachen führt der Weg nach Brüssel, wo Wolfgang die berühmten niederländischen Malereien sieht.

Paris wird am 18. November 1763 um 15.30 Uhr erreicht. Die Familie wird vom Grafen Maximilian Emanuel Franz van Eyck empfangen. Die ersten gedruckten Kompositionen entstehen in dieser Stadt. Wolfgang tritt zweimal in Paris auf, erregt Erstaunen und wird bewundert. In der Correspondance littéraire wird berichtet, dass ein Salzburger Kapellmeister namens Mozart mit zwei Kindern von der hübschesten Erscheinung soeben hier angekommen sei: „… es ist Wolfgang ein Leichtes, mit der größten Genauigkeit die allerschwersten Stücke mit Händen auszuführen … und es ist unglaublich, wenn man sieht, wie er eine ganze Stunde hindurch fantasiert und so sich der Begeisterung seines Genies hingibt … Er hat eine solche Fertigkeit in der Klaviatur, dass, wenn man sie ihm durch eine darüber gelegte Serviette entzieht, er nun auf der Serviette mit derselben Schnelligkeit und Genauigkeit fortspielt."

Paris verlassen die Salzburger am 10. April 1764 und kommen über Calais, wo Wolfgang das erste Mal das Meer sieht, am 23. April nach London. Sie erhalten drei Audienzen am englischen Königshof, Wolfgang gibt vier öffentliche Konzerte und widmet der englischen Königin sechs Sonaten für Klavier und Violine/Flöte KV 10–15. London wird am 24. Juli 1765 verlassen. Im September werden noch Lille, Gent, Antwerpen und Rotterdam und Den Haag besucht. Von Den Haag aus reist man nach Amsterdam, um hier zwei öffentliche Konzerte zu geben (Januar/Februar 1766). Über Amsterdam, Utrecht, Rotterdam, Antwerpen und Brüssel gelangt die Familie Mozart nach Paris (10. Mai), das sie am 9. Juli wieder verlässt. Weitere Konzerte werden in Dijon, Lyon, Genf und Lausanne gegeben. Über Schaffhausen, wo Wolfgang vom Rheinfall sehr beeindruckt ist, geht es über München zurück nach Salzburg. Am 29. November 1766, nach 3 Jahren, 5 Monaten und 20 Tagen sehen die Mozarts ihre Heimatstadt wieder.

Spiel-mit-Satz zu Mozarts 1. Sinfonie, 3. Satz

W. A. Mozart, Sinfonie Nr. 1, 3. Satz

A30

Zur Entstehungsgeschichte von Mozarts 1. Sinfonie

Während der großen Europareise erkrankte der Vater Leopold ernsthaft. Die Familie zog sich daraufhin im Sommer zur Erholung nach Chelsea bei London auf das Land zurück. Die Gesundheit des Vaters war so angegriffen, dass er kein Geräusch im Haus ertragen konnte. Die Kinder durften nicht laut musizieren, sondern mussten sich still beschäftigen. Der Zehnjährige nützte diese Zeit, um seine 1. Sinfonie zu schreiben. Er verwendete dabei kein Klavier. Nannerl half ihm beim Notenabschreiben. Während beide eifrig schrieben, sagte Wolfgang geschäftig zur Schwester: „Erinnere mich, dass ich dem Waldhorn was Rechtes zu tun gebe!" Auch Trompeten und Pauken setzte er fleißig ein.

Zur Durchführung

Einige Stellen sollen ohne Musik im „Trockentraining" geprobt werden, besonders die Zeilen A, B und K, L. Anhand der Spiel-mit-Partitur kann auch auf die Form des 3. Satzes eingegangen werden.

Mögliche Fragestellungen dazu:
- Welche Teile sind gleich?
- Welche Teile sind verschieden?
- Wie lang sind die Teile?
- Sind alle Teile gleich lang?
- Wiederholen sich Teile?
- Woran erkennt man einen schon einmal gehörten Teil?

Hinweise

Multimedialer Spiel-mit-Satz

- Die Buchstaben am Beginn der Zeilen sind nur zur schnellen Auffindung von Stellen gedacht. Sie sind keine Formbuchstaben.
- Der Spiel-mit-Satz im Schülerbuch kann auf Overheadfolie kopiert oder als multimedialer Spiel-mit-Satz (CD-ROM) über Beamer projiziert werden.

◆ Sonate

Köchelverzeichnis

Mozarts Werk wurde von **Ludwig Friedrich Köchel** (1800, Stein/Donau – 1877, Wien/77 J.), einem promovierten Juristen, der sich als Universalgelehrter neben Mineralogie, Botanik und anderen Naturwissenschaften auch mit der Musikgeschichte Österreichs beschäftigte, thematisch-chronologisch geordnet.

Spiel-mit-Satz zu Mozarts Sonate C-Dur, KV 545, 1. Satz – Beginn

W. A. Mozart, Sonate in C-Dur, KV 545, 1. Satz – Beginn

A31

Hinweise zu Spielmöglichkeiten mit Klangbausteinen

Abb. 1: Klangbaustein als Melodieinstrument | Abb. 2: Klangbaustein als Melodieinstrument – Luftschlag | Abb. 3: Klangbaustein als Rhythmusinstrument (90° gedreht) | Abb. 4: Klangbaustein als Rhythmusinstrument (90° gedreht) – Luftschlag | Abb. 5: Fingerklatschen

- Dieser Spiel-mit-Satz ist für Klangbausteine gedacht. Jeder Schüler bekommt nur einen Klangbaustein. Der Buchstabe c im Spiel-mit-Satz bedeutet, dass alle zur Verfügung stehenden Klangbausteine mit dem Ton c verwendet werden können, gleichgültig in welcher Oktavlage.
  In diesem Spiel-mit-Satz werden sieben verschiedene Klangbausteine benötigt. Alle Töne sollen mehrfach besetzt werden. Wenn Klangbausteine über drei Oktaven vorhanden sind, können 22 Schüler beschäftigt werden. Der Rest der Schüler kann mit „Fingerklatschen" eingesetzt werden. Sollten keine Klangbausteine vorhanden sein, kann der Satz auf Stabspielen (Xylofone, Metallofone, Glockenspiele etc.) ausgeführt werden.
- Der Spiel-mit-Satz kann auf Overheadfolie kopiert oder als multimedialer Spiel-mit-Satz über Beamer projiziert werden.

Multimedialer Spiel-mit-Satz

Erarbeitungsvorschlag zum Spiel-mit-Satz

1. Alle Schüler verwenden den Klangbaustein als Rhythmusinstrument, indem sie ihn um 90° drehen (siehe Abb. 3).
   Die Tonbuchstaben gelten jetzt nicht. Während das Hörbeispiel A31 gespielt wird, zeigt der Lehrer auf der Overheadfolie mit. Alle Schüler klopfen in Vierteln, d. h. sie klopfen sowohl bei den Tonbuchstaben als auch bei den Pausenpunkten:

Die Schüler
- lernen dadurch das Musikstück kennen.
- lernen dadurch den Spiel-mit-Satz zu lesen.
- erfahren das Gefühl für das Spielen von gleichmäßigen Viertelnoten.

2. Alle Schüler verwenden den Klangbaustein wieder als Rhythmusinstrument, indem sie ihn um 90° drehen. Während das Hörbeispiel A31 gespielt wird, zeigt der Lehrer auf der Overheadfolie mit oder lässt den multimedialen Spiel-mit-Satz ablaufen. Alle Schüler klopfen nun alle Tonbuchstaben und machen bei einem Pausenpunkt einen Luftschlag (vgl. Abb. 4):

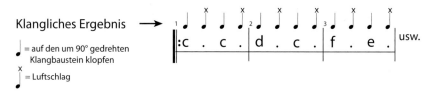

Die Schüler bekommen dadurch Sicherheit beim Lesen des Spiel-mit-Satzes.

3. Nach diesen Vorübungen, die vornehmlich dem Lesen des Spiel-mit-Satzes dienen, kann der Spiel-mit-Satz wie notiert gespielt werden. Es ist aber immer darauf zu achten, dass die Pausenpunkte durch Luftschläge ausgeführt werden.

Spiel-mit-Satz zu Mozarts Sonate C-Dur, KV 545, 1. Satz – schwierigere Fassung

Dieser Spiel-mit-Satz unterscheidet sich geringfügig vom Spiel-mit-Satz im Schülerbuch. Bei der Wiederholung in einer späteren Unterrichtsstunde kann die unten stehende Fassung, auf Overheadfolie kopiert, verwendet werden.

Benötigte Klangbausteine: c, d, e, f, g, a, h

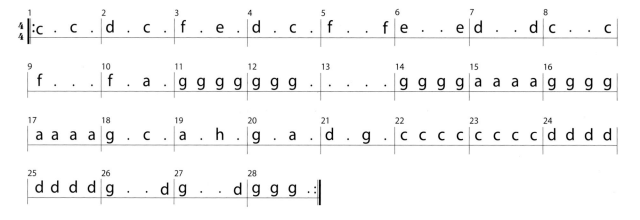

Lautschulung für den Vokal „O" 8

Allgemeine Information zur Lautschulung

Das Schülerbuch stellt fünf Kapitel zur Lautschulung bereit, die sich jeweils einem Vokal (A, E, I, O, U) widmen. Darin wird die Artikulation des Lauts beschrieben und je eine Übung zur Unterscheidung von kurzen und langen Vokalen mittels Hörbeispiels („Training") sowie je ein Sprechstück („Reim"), das zu einem Playback gesprochen wird, angeboten.

Ausführungshinweise zu den Reimen: 1. Den Text deutlich lesen. 2. Den Text deutlich lesen und im Metrum dazu „tippen", bei den Pausen klatschen. 3. Mit dem Playback.
Schwierigere Variante für 2.: Den Text deutlich lesen und dazu immer an der Stelle, an der der entsprechende Vokal vorkommt, „tippen", bei den Pausen klatschen.

Die **Vokalbildung** erfolgt durch die Kombination von Unterkiefer-/Lippenbewegungen und Zungenbewegungen.

Das **Vokaldreieck** ist eine grafische Anordnung der menschlichen Vokale nach ihrer Artikulationsstelle (Zungenwölbung, Öffnungsgrad und Klangqualität). Die erste Darstellung des Vokaldreiecks geht auf die 1781 erschienene Doktorarbeit des deutschen Arzts Christoph Friedrich Hellwag (1754–1835 / 81 J.) zurück:

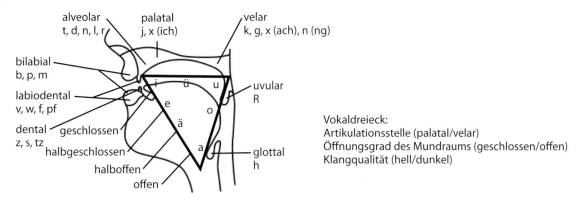

Vokal	Atemfluss und Zwerchfellsetzung	Stimmfalten-kompression	typischer Resonanzraum	Hauptregister, Klangtyp	typische Gefahren
O	Atem fließt sacht, Zwerchfell ist gespannt	gering	Mundhöhle und Nasenrachenraum	Kopfregister mit Tendenz zum Mittelregister; dunkel, weich	Zungenwurzel drückt leicht auf den Kehlkopf (Knödel); oft zu weit hinten im Hals gebildet

Tabelle aus: Andreas Mohr, *Handbuch der Kinderstimmbildung*, S. 69

Metrum 9

METRUM-KANON

Metrum-Kanon

Das Videobeispiel zeigt verschiedene Durchführungsmöglichkeiten der 2. Strophe des *Metrum-Kanons*.

◆ Übungen mit der Metrumzeile (→ Arbeitsblatt S. 20)

Für eine sinnvolle Festigung der angegebenen Übungen wird die Verwendung des Arbeitsblatts empfohlen. Diese Übungen sollen immer wieder, auch noch nach der Behandlung in diesem Kapitel, gemacht werden.

Arbeitsblatt *Metrum*   Kopiervorlage

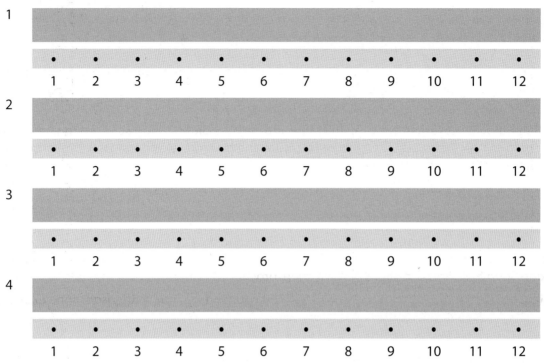

10   Ludwig van Beethoven

Nachfolgende Informationen über Beethoven und seine Familie sind in erster Linie für den Lehrer gedacht, der sie nach eigenem Ermessen an die Schüler weitergeben kann.

Stammbaum

Beethoven war nicht verheiratet und hatte keine Nachkommen.

Informationen zu Beethovens Familie

Vater:

Johann van Beethoven (1740–1792 / 52 J.): Er besuchte in Bonn eine Trivialschule und die Infima-Klasse eines Jesuitengymnasiums. Er wurde von seinem Vater in Gesang und Klavier unterrichtet, trat mit 12 Jahren in die Hofmusik ein und wurde mit 16 Jahren sogar zum Hofmusikus ernannt. Johann sang zuerst Sopran oder Alt, nach der Mutation Tenor. Nebenbei wurde er auch noch als Geiger eingesetzt; hier galt er eher als „geschickter", nicht aber als „gelehrter" Musiker. Zwei Jahre nach der Hochzeit mit der 21-jährigen Witwe Leym, geb. Keverich, wurde der erste Sohn geboren, der aber sechs Tage nach der Geburt verstarb. Als zweites Kind folgte Ludwig, geboren am 16. 12. 1770. Vier Jahre darauf wurde Kaspar Karl, zwei Jahre später Nikolaus Johann geboren, die drei weiteren Kinder starben früh.

Was seinen Sohn Ludwig betraf, dürfte Johann sehr bald das Wunderkind-Beispiel des jungen Mozart vorgeschwebt sein. Oft weckte der volltrunkene Vater mitten in der Nacht seinen kleinen Sohn auf und gab ihm Klavierunterricht, der dann meistens mit einer Tracht Prügel endete. Nach dem Tod seiner Frau suchte Johann immer mehr Trost im Wein, sodass seinem jugendlichen Sohn Ludwig die Sorge für die beiden jüngeren Brüder aufgebürdet wurde.

Mutter:
Maria Magdalena Keverich, verw. Leym (1746–1787 / 41 J.): Sie stammte aus Ehrenbreitstein, ihre Eltern besaßen ein Gasthaus. Ihren ersten Mann Johannes Leym heiratete sie mit 15 Jahren, mit 21 heiratete sie Johann van Beethoven. Vor der zweiten Ehe diente sie als Kammerzofe. Ludwig fand in seiner Mutter einen ausgleichenden Ruhepol zu seinem oft brutalen Vater. Sein Verhältnis zu ihr war sehr innig.

Brüder:
Kaspar Anton Karl van Beethoven (1774–1815 / 41 J.): Karl war in Wien sesshaft und von Beruf anfänglich Musiker, dann auch Finanzbeamter. Nach seinem Tod wurde das Sorgerecht für seinen einzigen Sohn Karl jun. dem Onkel Ludwig zugesprochen.

Nikolaus Johann van Beethoven (1776–1848 / 72 J.): Johann war durch Kriegsgewinne ein vermögender Apotheker und Gutsbesitzer geworden.

Die Beziehung Ludwigs zu seinen Brüdern war durch eine seltsame Hassliebe gekennzeichnet. Ludwig zog seine Brüder oft zu Sekretärdiensten heran, ließ sie für sich arbeiten und verärgerte sie dadurch. Auf der anderen Seite drängten sie sich ihm häufig auf, weil sie an seinem Ruhm teilhaben wollten.

◆ Für Elise

Multimedialer Spiel-mit-Satz L. v. Beethoven, *Für Elise*

A35

Die Frage, wer Elise war, ist nicht eindeutig zu beantworten, weil das Autograf Beethovens verschollen ist. Vermutet wird, dass dieses Stück Therese von Malfatti gewidmet war, mit der sich Beethoven im Jahr 1810 verloben wollte. Die Verlobung kam aber nicht zustande.

◆ Achtung Aufnahme

L. v. Beethoven, Sinfonie Nr. 8, 1. Satz – Ausschnitt

A36

▶ Spielt die „Live-Übertragung" einmal durch.

Beispiel für einen Ansagetext
Ich heiße Sie in der Sendung „Klassik für Kenner" herzlich willkommen. Wir melden uns heute aus der Berliner Philharmonie zur Übertragung eines Live-Orchesterkonzerts. Auf dem Programm steht die Sinfonie Nr. 8 von Ludwig van Beethoven.
Beethovens 8. Sinfonie in F-Dur, op. 93, entstand in den Jahren 1811–1812. Die Uraufführung fand am 27. Februar 1814 im großen Redoutensaal in Wien statt. Die Musik der 8. Sinfonie drückt Heiterkeit und Lebensfreude aus.

Beispiel für einen Absagetext
Das war unsere heutige Live-Übertragung des Orchesterkonzerts aus der Berliner Philharmonie. Auf dem Programm stand der erste Satz der 8. Sinfonie von Ludwig van Beethoven. Wir verabschieden uns für heute und laden Sie ein, bei unserer nächsten Sendung „Klassik für Kenner" wieder dabei zu sein.

11 Notenschrift 2

◆ Oktavräume

Lernspiel Notennamen-Memory

Lernspiel Notennamen-Memory

Bei diesem Spiel sollen Kärtchen-Paare mit notierten Tonhöhen und ihren entsprechenden Namen gefunden werden. Wie beim Notenwerte- und Pausen-Memory kann alleine, zu zweit oder mit der ganzen Klasse (Projektion mit Beamer) gespielt werden.

- Level 1: 12 Kärtchen; Tonhöhen: c^1–c^2
- Level 2: 16 Kärtchen; Tonhöhen: a–a^2
- Level 3: 20 Kärtchen; Tonhöhen: g–e^3

NOTENNAMEN-KANON

Instrumentaler Begleitsatz

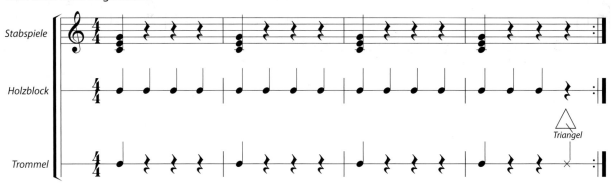

SCALE SONG

G. Wanker, *Scale song*   Multimedialer Spiel-mit-Satz

A37

▶ Singt oder spielt mit Stabspielen/Melodieinstrumenten den *Scale song* zum Hörbeispiel A37.

Der *Scale song* wird dreimal durchgespielt. Um im richtigen Tempo zu bleiben, ist es empfehlenswert, dass alle Spieler, wenn sie nicht an der Reihe sind, „Luftschläge" in Halben ausführen. Dies ist besonders beim zweiten Chorus wichtig.

Das Hörbeispiel A37 ist wie folgt arrangiert:
1. Chorus: Akkorde/Bass/Schlagzeug
2. Chorus: Chor/Harfe
3. Chorus: Akkorde/Bass/Schlagzeug/Melodie

Weitere Übungsmaterialien
Auf den nächsten Seiten befinden sich Kopiervorlagen für ein:

- fertiges Notennamen-Domino,
- selbst zu erstellendes Notennamen-Domino,
- fertiges Notenquartett,
- selbst zu erstellendes Notenquartett.

Die Vorlagen sollen auf Papier oder Karteikarton für jeden Schüler kopiert werden. Durch das selbstständige Herstellen der Spiele (Eintragen der Noten, Schreiben der Notennamen) wird eine zusätzliche Übung für die Sicherung dieses Lernstoffs angeboten. Die Spiele können und sollen während des ganzen Jahres als Wiederholung gespielt werden. Das Notenquartett ist nach folgendem System aufgebaut:

Notennamen-Domino

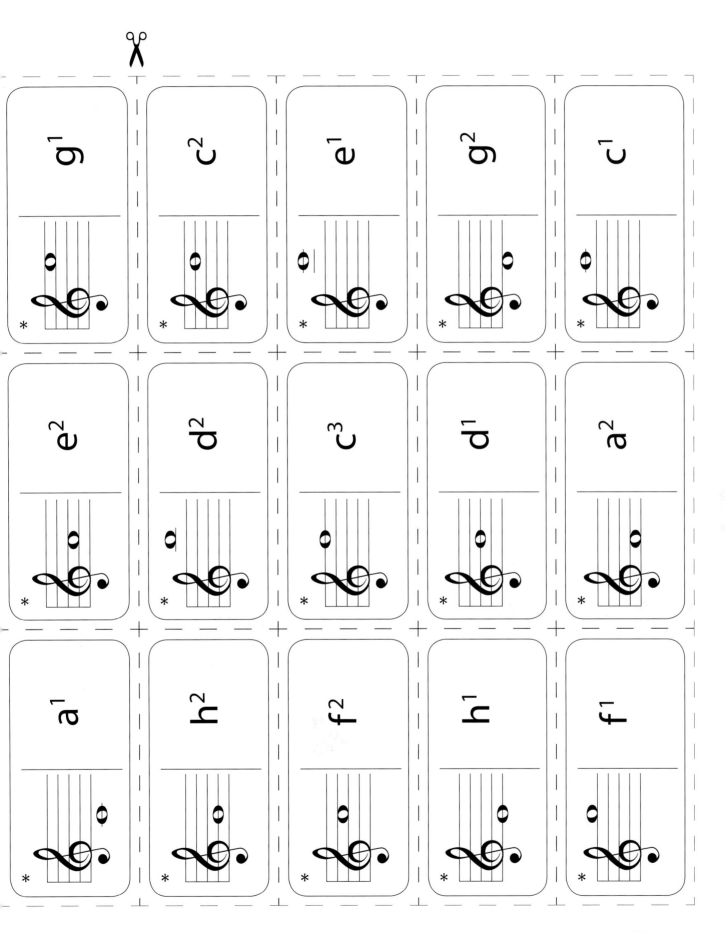

Notennamen-Domino
Vorlage zum Selbsterstellen

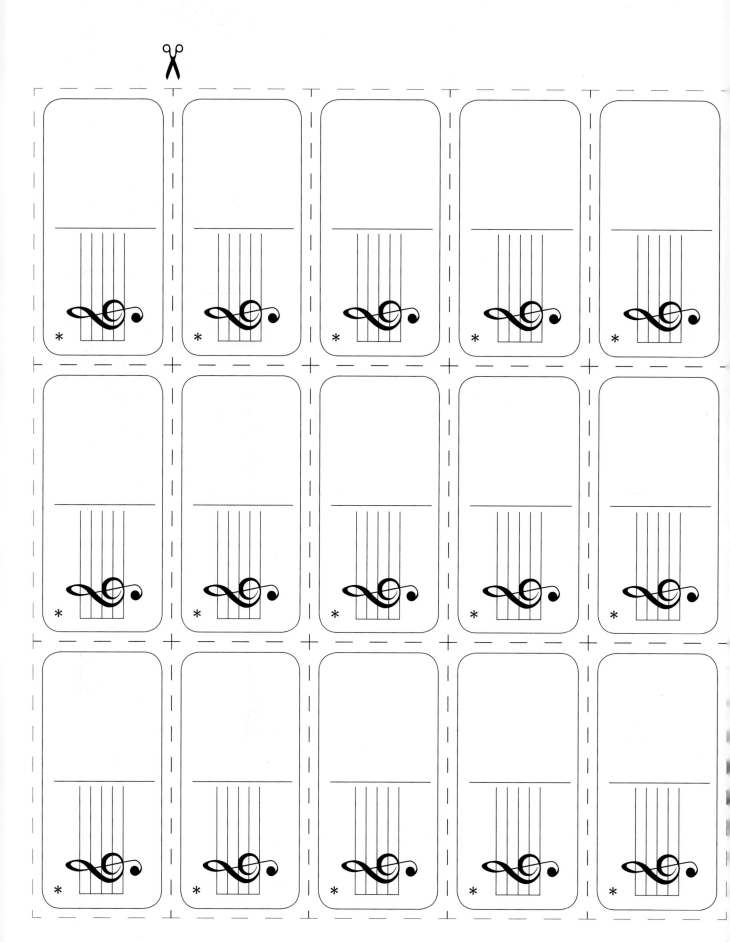

24

Noten-Quartett

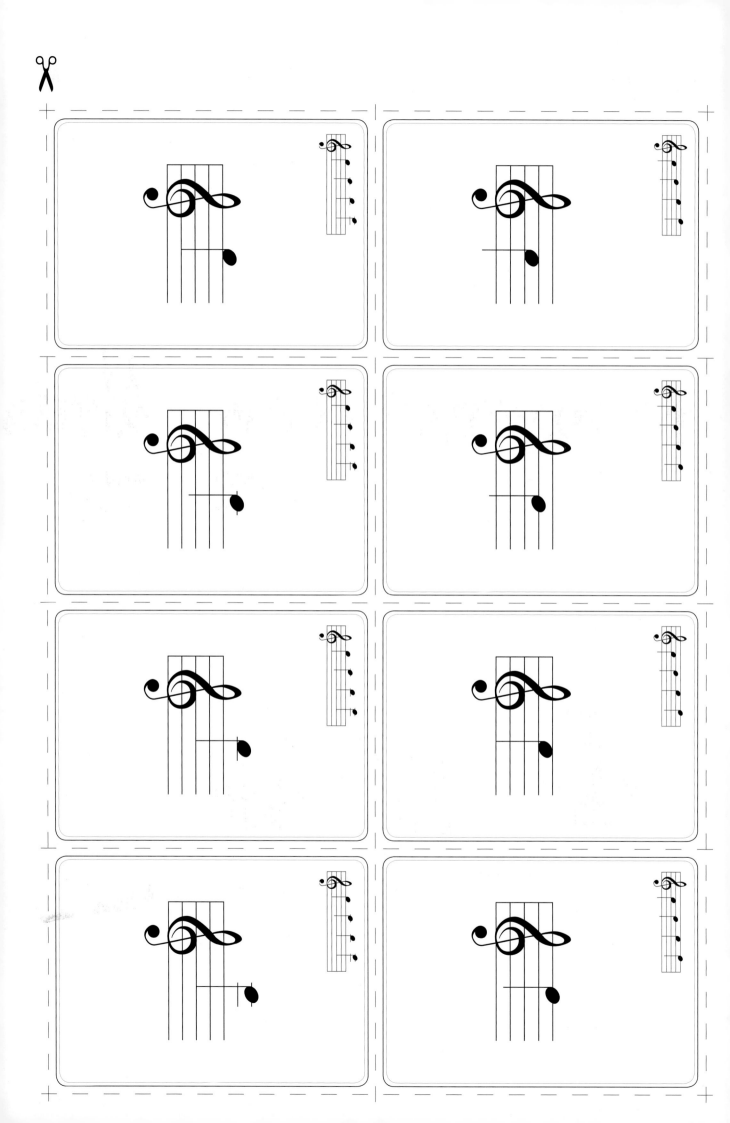

Noten-Quartett
Vorlage zum Selbsterstellen

12 Lautstärke in der Musik

◆ **Dynamik-Karussell**

Die Ergebnisse können vor der Klasse präsentiert werden. Eventuell können sie auch grafisch im Heft dargestellt werden.

◆ **Dynamische Verläufe**

A. Bruckner, Sinfonie Nr. 7, 4. Satz – Beginn

A38

Multimediale Hörpartitur

▶ Verfolgt beim Hören des Beginns des 4. Satzes den dynamischen Verlauf und orientiert euch an der Zeitleiste (Sekundeneinteilung).

Die Zeitleiste kann wie folgt gelesen werden:

- in Partnerarbeit: Ein Schüler gibt durch Mitzählen der Sekunden dem anderen die zeitliche Abfolge bekannt, der andere verfolgt die Grafik. (Rollentausch!)
- mit einer Kopie der Verlaufsgrafik im Schülerbuch auf Overheadfolie oder Verwendung der multimedialen Hörpartitur und Projektion mit Beamer: Damit kann allen Schülern die Verlaufsgrafik sichtbar gemacht werden.

◆ **Dynamik diridieren**

A. Dvořák, *Slawischer Tanz* op. 46, Nr. 8

A39

▶ Hört den *Slawischen Tanz* und dirigiert dazu. Reagiert dabei auf die einzelnen Lautstärken (laute Stellen = große Dirigierbewegungen, leise Stellen = kleine Dirigierbewegungen).

- Das ganze Stück kann von allen Schülern gleichzeitig dirigiert werden.
- Einzelne Teile des Stücks können von Gruppen übernommen werden.
- Es können auch während des Stücks Dirigierpausen eingelegt werden.
- Falls das ganze Stück zu lang ist, kann bei Bedarf auch schon vor dem Ende ausgeblendet werden.

GAR FINSTER IST'S IM TIEFEN WALD

Playback zu *Gar finster ist's im tiefen Wald*

A40

Hinweis: Die Instrumentalbegleitung im Schülerbuch auf S. 37 passt nicht zum Playback Hörbeispiel A40. Sie ist als eigene Begleitung gedacht.

◆ **Hörquiz**

Hörbeispiele für Lautstärke

A41–46

▶ In den Hörbeispielen A41–46 hört ihr Ausschnitte aus Musikstücken in verschiedenen Lautstärkegraden (pp, p, mf, f, ff). Notiert für jedes Hörbeispiel den Lautstärkegrad in euer Heft.

Lösung:

Hörbeispiel A41: p   Hörbeispiel A44: pp
Hörbeispiel A42: mf Hörbeispiel A45: ff
Hörbeispiel A43: f   Hörbeispiel A46: p

Zweiteilige Liedform 13

FRÖHLICH IST DIE WEIHNACHTSZEIT

Playback zu *Fröhlich ist die Weihnachtszeit*

A47

Hinweis

Der Begleitsatz im Schülerbuch auf S. 38 passt nicht zum Playback Hörbeispiel A47. Er ist als eigenständiger Begleitsatz gedacht.

◆ **Deutscher Tanz**

F. Schubert, *Deutscher Tanz* op. 33/3

A48

▶ Spielt den Rhythmus des Tanzes mit körpereigenen Klängen.

Zum *Deutschen Tanz* von Schubert (Hörbeispiel A48) kann wie folgt mitgespielt werden:

Teil A: Bei diesem Teil kann jeweils die erste Viertel jedes Takts rhythmisch verstärkt werden (Klatschen/Percussioninstrumente):

Teil B: Bei diesem Teil können die Schüler einen anderen Begleitrhythmus finden. Z. B.:

F. Schubert, *Deutscher Tanz* op. 33/3

Hinweis

Im Schülerbuch wurde die Schreibweise der Melodie vereinfacht.

Tanzausführung zu *Deutscher Tanz*

Deutscher Tanz

29

14 Takt

▸ Übertragt die folgende Notenzeile in euer Heft und ergänzt sie zu einer Taktzeile

Lösung:

◆ Takt-Spiele

Städteflug

▸ **Einfache Spielform**

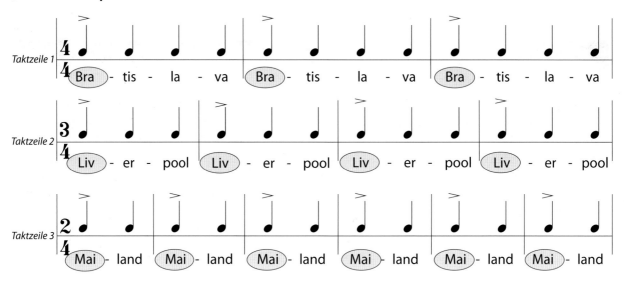

▸ **Weitere Spielformen**

5. Erfindet weitere Spielmöglichkeiten.
- Die Zeilen können mit Instrumenten gespielt werden.
- Die ersten Silben können mit Instrumenten verstärkt werden (Sprechgruppe/Instrumentengruppe).
- Bewegung: Bei der ersten Silbe jeweils eine andere Position einnehmen.

▸ **Wörter-Mix**

Mögliche Lösungen:

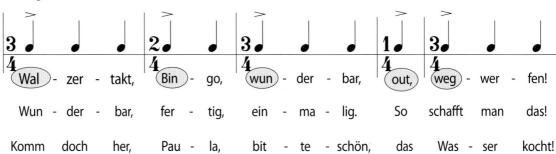

30

Weitere Gestaltungsmöglichkeiten

Statt der Städtenamen können andere Wörter mit den Schülern gefunden werden: Die Schüler nennen in einem Brainstorming Wörter, die ihnen zu bestimmten Themenkreisen einfallen (z. B. Namen, Getränke, Speisen etc.). Falls die natürliche Wortbetonung (erste Silbe soll betont sein) passt, schreibt der Lehrer die genannten Wörter nach folgendem Muster an die Tafel.

viersilbige Wörter	dreisilbige Wörter	zweisilbige Wörter	einsilbige Wörter
(Wa)sserspiele	(Fer)nseher	Essen	gut
Fenstergucker	Kochplatte	(Bi)bel	fein
Fußballspieler	Tischbeine	Futter	Franz
Glockenzeichen	usw.	melken	(wo)
usw.		usw.	usw.

Poptanz 15

Popmusik ist untrennbar mit Körperinszenierung und Tanz verbunden und spielt in vielen Jugendkulturen eine große Rolle. In diesem Kapitel lernen die Schüler, dass jede Choreografie aus verschiedenen, austauschbaren Elementen besteht. Sie lernen exemplarisch einige grundlegende Bewegungselemente in Bausteinform kennen und werden angeregt, mit diesen Bausteinen selbstständig umzugehen und sie auch auf andere, eigene Popsongs anzuwenden. Anstelle des vorgeschlagenen Titels *Lemon Tree* kann jeder beliebige Song verwendet werden, der den Beat stark betont. Lediglich der Formablauf muss entsprechend angepasst werden.

Warm-up
A49

Warm-up, *Vortänzer*

Fools Garden, *Lemon Tree*
A50

◆ LEMON TREE

Strophe 1
I'm sitting here in a boring room
It's just another rainy Sunday afternoon
I'm wasting my time, I got nothing to do
I'm hanging around, I'm waiting for you
But nothing ever happens – and I wonder.

Strophe 2
I'm driving around in my car
I'm driving too fast, I'm driving to far
I'd like to change my point of view
I feel so lonely, I'm waiting for you
But nothing ever happens – and I wonder.

Refrain
I wonder how, I wonder why
Yesterday you told me `bout the blue blue sky
And all that I can see is just a yellow lemon tree
I'm turning my head up and down
I'm turning, turning, turning, turning,
turning around
And all that I can see is just another lemon tree.

Bridge 1
Sing: Dab dadadadab didada …

Strophe 3
I'm sitting here, I miss the power
I'd like to go out taking a shower
But there's a heavy cloud inside my head
I feel so tired, put myself into bed
Well, nothing ever happens – and I wonder.

Bridge 2
Isolation is not good for me
Isolation, I don't want to sit on a lemon tree!

Strophe 4
I'm stepping around in a dessert of joy
Baby anyhow I'll get another toy
And everything will happen – and you wonder.

Refrain

Text: Peter Freudenthaler
© 1990 by EMI MMC Musikverlag GmbH, Hamburg

16 Rhythmus

▶ Welche Aussage ist zutreffend?

Rhythmus ist die c) Gliederung in lange und kurze Tondauern/Pausen.

◆ Go on rhythm

Th. Wanker, *Go on rhythm 1*

Das Hörbeispiel A51 *Go on rhythm 1* beginnt zur Tempo-Orientierung mit einer zweitaktigen Metrumvorgabe.

Hinweise

- Die Ausführungen nach dem Gehör sollen zuerst gemacht werden.
- Erst bei nochmaliger Durchführung von *Go on rhythm 1* orientieren sich die Schüler auch am Notenbild.

Go on rhythm 2

Bei *Go on rhythm 2* werden die Anfänge von Liedern/Musikstücken zitiert, die bis jetzt im Schülerbuch vorgekommen sind.

Noten zu *Go on rhythm 2* (Hörbeispiel A52)

Diese sieben Teile werden im Hörbeispiel A52 in folgender Reihenfolge gespielt: 1, 2, 3, 4, 5, 6, 7, 2, 5, 1, 6, 7, 4, 3.

Lernspiel Rhythmus-Baukasten

Lernspiel Rhythmus-Baukasten

Hier können Schüler selbst ein Rhythmusstück zusammenstellen. Aus einem Rhythmus-Pool ziehen sie ganztaktige Rhythmen im 2/4-, 3/4- oder 4/4-Takt in die freien Felder im unteren Teil und können sich das Ergebnis anschließend anhören. Es stehen drei verschiedene Klänge zur Verfügung. Die Noten können am Ende ausgedruckt werden.

◆ Rhythmus-Tor

Hinweise

- Das Rhythmus-Tor soll mit einer Overheadfolie oder Beamerprojektion sichtbar gemacht werden.
- Wenn die einzelnen Felder auf Zeichen des Lehrers im Fluss geklatscht werden, muss der Lehrer das neu zu spielende Feld rechtzeitig anzeigen (bereits auf der dritten oder vierten Viertel des alten Felds).

Rhythmus-Würfel

Als zusätzliche Übung zum Kapitel Rhythmus dient der Rhythmus-Würfel (siehe Ausschneide-Vorlage unten). Es wird empfohlen, diese Seite auf stärkeres Papier zu kopieren, damit der Würfel stabiler ist.

- Ein Würfel ist mit Noten beschrieben.
- Auf den leeren Würfel können die Schüler eigene Rhythmen notieren.

Nach dem Würfeln wird jeweils der Rhythmus auf der Oberseite des Würfels geklatscht.

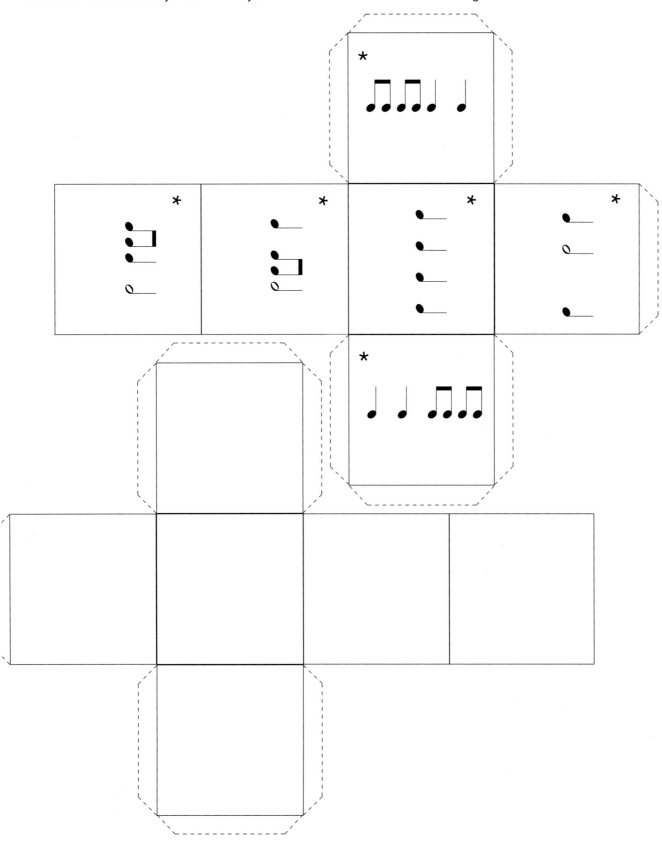

33

17 Lautschulung für den Vokal „U"

Vokal	Atemfluss und Zwerchfellsetzung	Stimmfaltenkompression	typischer Resonanzraum	Hauptregister, Klangtyp	typische Gefahren
U	Atem fließt sanft und weich, Zwerchfell ist stark gespannt	Sehr gering (die Stimmfalten liegen lose aneinander)	Mundhöhle	Kopfregister (Randschwingung); dunkel, weich, leise	oft zu weit hinten im Hals gebildet; kein Klang im Nasenrachenraum (dumpf); oft überluftet

Tabelle aus: Andreas Mohr, *Handbuch der Kinderstimmbildung*, S. 69

18 Wir experimentieren mit unserer Stimme

◆ Die Klang-Achterbahn

Bei der Klang-Achterbahn machen sich die Schüler verschiedenste Einsatzmöglichkeiten der menschlichen Stimme durch das Selbsttun bewusst. Diese Übung ist als Vorübung für die Klangstraße gedacht. Die Schüler werden bei diesen Übungen angehalten, ihre Stimme gänzlich auszuloten, um letzten Endes auch etwaige Hemmungen bei der Stimmäußerung abzubauen.

◆ In der Klangstraße

▶ Setzt die angegebenen Wortklänge in den Häusern A, B, C nach den Anweisungen musikalisch um.

Diese Übung eignet sich sehr gut für die Gruppenarbeit. Je nach Klassensituation können sich die Schüler auch weitere „Klanghäuser" selbst überlegen. Es ist günstig, von den Realisationen der Klangstraße eine Tonaufnahme zu machen, die man nach dem Abhören kommentieren und vielleicht musikalisch verbessern kann.

◆ Wenn Wörter klingen

Raymund Murray Schafer wurde am 18. Juli 1933 in Sania, Ontario, Kanada geboren. Er wirkt als Komponist und Pädagoge und wurde durch sein akustisch-ökologisches Projekt WeltSoundscape bekannt.

▶ Hört euch die Komposition an. Welche besonderen Regeln haben sich die Ausführenden für ihre Interpretation vorgenommen?

A56

R. M. Schafer, *Wenn Wörter klingen*

Die Komposition von R. M. Schafer kann auf vielerlei Art interpretiert werden. Auf der Aufnahme ist die rechte Spur zu hören, beginnend mit „Kichern". In der ersten Version werden die Klangaktionen wie notiert nacheinander gesungen.

Für die zweite Version haben sich die Ausführenden folgende Regeln erdacht: Die Klangaktionen setzen zwar nacheinander ein, werden aber ausgehalten, sodass alle gleichzeitig erklingen. Jede Klangaktion beginnt leise und wird dann lauter. Außerdem gibt es vor „Blöken" eine kurze Generalpause, nach der die restlichen Klangaktionen in unterschiedlicher Reihenfolge einsetzen und ausgehalten werden.

◆ Die Stimme in Neuer Musik

J. Cage, *Aria* – Ausschnitt 　　J. Cage, *Aria* – Ausschnitt

A57

Mit dem Beispiel *Aria* (Hörbeispiel A57 und Videobeispiel) von John Cage lernen die Schüler künstlerische Gestaltungsformen kennen, bei denen die Stimme experimentell in verschiedenster Weise eingesetzt wird.

John Cage (1912–1992 / 79 J.) war ein US-amerikanischer Komponist und Künstler. Mit über 250 Kompositionen gilt er als bedeutender Vertreter der Neuen Musik. Neben seinem kompositorischen Schaffen betätigte er sich auch als Maler.

Das Stück *Aria*, das 1958 in Rom uraufgeführt wurde, schrieb er für die US-amerikanische Sängerin Cathy Berberian (1928–1983 / 54 J). Die Ausführungshinweise stammen nicht von John Cage, sondern von Cathy Berberian.

Partitur 19

Auf die partiturmäßige Aufzeichnung des *Vitamin-Rap*, des Beginns der Serenade *Eine kleine Nachtmusik* sowie der Ostinati des Lieds *Je, je, je* kann besonders hingewiesen werden.

W. A. Mozart, *Eine kleine Nachtmusik,* 1. Satz – Beginn (4x)

A58

Beim Hörbeispiel A58 werden die ersten zehn Takte des 1. Satzes der Serenade *Eine kleine Nachtmusik* viermal gespielt. Dieses Beispiel ist als Übung zum Partiturlesen gedacht, wobei folgende methodische Schritte berücksichtigt werden sollen:
- Mitlesen bei einer Stimme
- Während des Hörens beim Mitlesen von einer Stimme zur anderen wechseln, z. B. T. 1–4 wird bei der 1. Violine mitgelesen, T. 5–10 bei der Viola
- beim Mitlesen zwei Stimmen gleichzeitig verfolgen
- beim Mitlesen mehrere Stimmen gleichzeitig verfolgen

Multimediale Hörpartitur

In der multimedialen Hörpartitur können die vier Stimmen des Stücks einzeln und gemeinsam gehört werden.

20 Intervalle

◆ Liedanfänge

▶ Mit welchen Intervallen beginnen die Lieder?
1. Gar finster … (Quinte) 5↓
2. Hallo, wer bist du? (Quarte) 4↓
3. I like to eat (Sekunde) 2↓
4. Hey, hey (Quarte) 4↑
5. Old Mac Donald had a farm (Prime) 1

◆ Intervall-Zeile

▶ Bestimmt die folgenden 14 Intervalle und schreibt sie richtig auf.

Lösung:

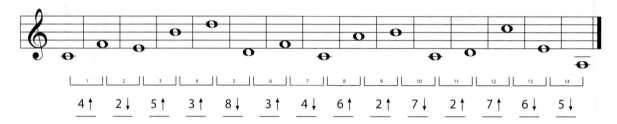

4↑ 2↓ 5↑ 3↑ 8↓ 3↑ 4↓ 6↑ 2↑ 7↓ 2↑ 7↑ 6↓ 5↓

◆ Intervall-Spiel

▶ Bestimmt zuerst das Intervall auf jeder Karte und stellt dann die Kartenpaare mit gleichen Intervallen zusammen.

Lösung:

Kartenpaare für: **Prim** 4 / 14   **Sekunde** 2 / 16   **Terz** 1 / 13   **Quarte** 7 / 10

Quinte 3 / 12   **Sexte** 5 / 11   **Septime** 8 / 9   **Oktave** 6 / 15

Lernspiel Intervall-Memory

Lernspiel Intervall-Memory

In diesem Spiel sollen in Noten dargestellte Intervalle und ihre Bezeichnungen als Kärtchen-Paare gefunden werden. Beim Erscheinen der notierten Intervalle erklingen diese. Es steht ein Einzel- sowie ein Zwei-Spieler-Modus zur Verfügung.

- Level 1: 12 Kärtchen, Prime–Oktave (Grobbestimmung), von c^1 aus
- Level 2: 16 Kärtchen, Prime–Oktave (Grobbestimmung), von verschiedenen Tönen aus

Versetzungszeichen 21

◆ Rätselwörter

▶ Wie heißen diese Noten? Richtig benannt ergeben sie pro Takt ein Lösungswort.

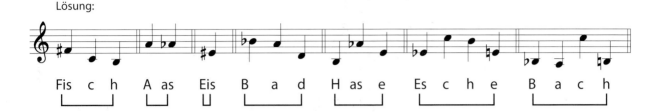

Lösung: Fis c h | A as | Eis | B a d | H as e | Es c h e | B a c h

◆ Geheimbotschaft im Zoo

▶ Als Geheimagent erhaltet ihr einen wichtigen Auftrag: Besorgt den geheimen Code!

Die gefetteten Worte sind die Lösungen für die Notate:

„**Gehe** in den Zoo. Begib dich zum Aquarium der **Fische**. Im Becken des Hais findest du einen Schlüssel. **Ehe** du hineingreifst, denke daran, dich vor den Zähnen des **Hais** zu hüten. Der Schlüssel passt zur Tür vom **Gehege**, auf dem **Affe** steht. **Habe** keine Angst, der **Affe** ist harmlos. Unter dem **Dach** gibt es ein kleines **Fach**. Wenn der **Affe** von dir eine Banane bekommt, holt er dir den Schlüssel aus dem **Fach** unter dem **Dach**. Gehe nun ins Musik-**Cafe**, frage nach dem **Chef**, **Bagdad-Ede**. Ihm musst du zunächst eine kleine **Abgabe** zahlen, dann erhaltet ihr den Code.

Lernspiel Look & Click – Notennamen mit Versetzungszeichen

Lernspiel Look & Click – Notennamen mit Versetzungszeichen

In diesem Spiel ist jeweils ein notierter Ton gegeben, sein Name ist aus mehreren Antwortmöglichkeiten auszuwählen. Innerhalb einer bestimmten Zeit sollen möglichst viele Notennamen erkannt werden.

- Level 1: 3 Antwortmöglichkeiten, ces^1–cis^2, Zeit: 75 Sek.
- Level 2: 4 Antwortmöglichkeiten, as–ais^2, Zeit: 105 Sek.
- Level 3: 5 Antwortmöglichkeiten, ges–eis^3, Zeit: 135 Sek.

◆ Dur-Tonleitern mit Versetzungszeichen

Playback zu *Lied vom Müll*

A62

Lied vom Müll

▶ Diskutiert über die Probleme, die im Text des Lieds angesprochen werden.

Hier kann die Umweltverschmutzung und die Entsorgung thematisiert werden, evtl. auch das Problem von nicht beseitigbarem Müll wie z. B. Atommüll. Ebenso soll auf die Verwendung von recyclefähigem Material, auf Mülltrennung und Müllverminderung hingewiesen werden.

Weitere Tonleitern

▶ Notiert die B-Dur-Tonleiter und die D-Dur-Tonleiter mit den richtigen Versetzungszeichen in euer Heft. Kennzeichnet die Ganz- und Halbtonschritte durch ⌐⌐ und ∨.

B-Dur-Tonleiter

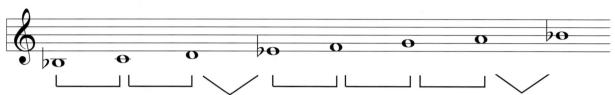

In B-Dur benötigt man die Versetzungszeichen: be, es

D-Dur-Tonleiter

In D-Dur benötigt man die Versetzungszeichen: fis, cis

Tanzausführung zu *Oh, Susanna*

Oh, Susanna

22 Dreiteilige Formen

▶ Welche Form hat der Kanon *Rock my soul*? Die Form des Kanons ist: A – B – C.

MUSETTE

J. S. Bach, *Musette*, BWV Anhang 126

▶ Welcher Formplan ist auf das Stück zutreffend, a) oder b)?

J. S. Bach, *Musette* (ohne/mit Wiederholungen)

B2/3

Lösung: a) | A | B | A |

▶ Formplan des Hörbeispiels B3: | 2 Takte Vorspiel | A | A | B | B | A |

▶ Bestimmt den Formverlauf des *Zauberlieds* (Schülerbuch S. 70) und notiert ihn in euer Heft.

Lösung: | A | B | C |

Lautschulung für den Vokal „A" 23

Vokal	Atemfluss und Zwerchfellsetzung	Stimmfalten-kompression	typischer Resonanzraum	Hauptregister, Klangtyp	typische Gefahren
A	Atem fließt reichlich, Zwerchfell ist relativ wenig gespannt	neigt zu höherer Kompression	Schlund- und Brustraum	Brustregister (Vollschwingung); voller Klang, voluminös	Knödel; ungemischtes Brustregister; Glottis-Schlag; oft zu weit hinten im Hals gebildet; flacher Klang; überluftet

Tabelle aus: Andreas Mohr, *Handbuch der Kinderstimmbildung*, S. 69

Joseph Haydn 24

◆ **Führung durch ein Haydn-Museum**

Die Beschäftigung mit Materialien über einen Komponisten in Form einer gespielten Führung durch ein Museum soll die Schüler in wirkliche Ausstellungen einführen und auf Museumsbesuche vorbereiten. Aus gezielt angebotenem Text-, Bild- und Tonmaterial soll Wesentliches über Joseph Haydn erfahren und anschaulich erlebt werden.
Diese Unterrichtssequenz kann projektorientiert durchgeführt werden. Über einen längeren Zeitraum kann das im Schülerbuch angebotene Material durch Schüler ergänzt und erweitert werden. Der Lehrer kann dazu Bücher, Hörbeispiele usw. zur Verfügung stellen oder die Schüler anregen, selbst auf Materialsuche zu gehen.
Die Präsentation der gesammelten Informationen erfolgt dann in Form eines Rollenspiels „Eine Führung durch ein Haydn-Museum". Verschiedene Stationen seines Lebens können von einzelnen Schülern (allein oder in Gruppen) dem Rest der Klasse anschaulich dargeboten werden.

Vorschläge für die Beschäftigung mit den innerhalb der Führung angebotenen Musikstücken

J. Haydn, *Kaiserquartett*, 2. Satz – Thema

J. Haydn: Streichquartett op. 76/3 (*Kaiserquartett*)

Haydn hat insgesamt 94 Streichquartette geschrieben. Er war der erste Komponist, der diese Musizierform über alles schätzte und deshalb auch viele Stücke für diese Besetzung schrieb. In diesem Streichquartett, das aus vier Sätzen besteht, ist der zweite Satz in Variationsform geschrieben. Als Variationsthema wird die österreichische Kaiserhymne *Gott erhalte Franz, den Kaiser, unsern guten Kaiser Franz*, welche erstmals 1797 in Wien erklang, verwendet. Haydn schrieb darüber vier Variationen.

J. Haydn, Streichquartett op. 76/3, 2. Satz – Thema

Hinweis

Die Partitur des Themas kann auf Overheadfolie kopiert oder über Beamer projiziert und so den Schülern beim Hören des Hörbeispiels B7 sichtbar gemacht werden.

Seit 1991 wird diese Melodie in der Nationalhymne Deutschlands mit folgendem Text gesungen:

Einigkeit und Recht und Freiheit für das deutsche Vaterland.
Danach lasst uns alle streben brüderlich mit Herz und Hand.
Einigkeit und Recht und Freiheit sind des Glückes Unterpfand.
Blüh im Glanze dieses Glückes, blühe deutsches Vaterland.

Der Text ist die dritte Strophe des Gedichts *Das Lied der Deutschen* von **A. H. Hoffmann von Fallersleben** (1798–1874/76 J.).

Sinfonie Nr. 45 *Abschiedssinfonie*

J. Haydn, *Abschiedssinfonie*, 4. Satz – Schluss

Die Schüler werden in sechs Gruppen eingeteilt:

- Violine I
- Violine II
- Violine III
- Violine IV
- Viola
- Violoncello

Während das Hörbeispiel B8 gehört wird, spielen alle Schüler auf ihren „Instrumenten" pantomimisch mit. Wenn eine Instrumentengruppe endet (Lehrer orientiert sich an der Partitur – siehe Seite 42 – und gibt dann ein entsprechendes Zeichen), verlassen die jeweiligen Spieler ihren „Orchesterplatz". Zum Schluss dürfen nur Violine I und Violine II übrig bleiben.

Formverlauf des Hörbeispiels B8 (beginnt bei Takt 218)

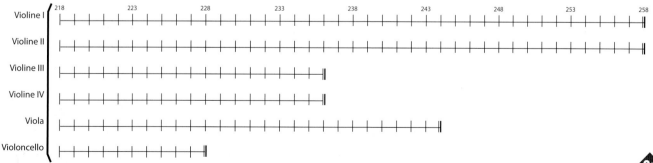

J. Haydn, *Abschiedssinfonie*, 4. Satz – Schluss

Partitur der *Abschiedssinfonie*, 4. Satz – Schluss

J. Haydn, Sinfonie Nr. 45, 4. Satz – Schluss

Die Schöpfung

J. Haydn, *Die Schöpfung* – Es werde Licht

Beim Anhören des Hörbeispiels B9 kann der Notentext des auf Overheadfolie kopierten oder über Beamer projizierten Klavierauszugs mitverfolgt werden.

J. Haydn, *Die Schöpfung*, Nr. 2

25 Wir tanzen eine Geschichte

◆ Karneval der Tiere

Camille Saint-Saëns, *Karneval der Tiere*

B14–19

Hätte Camille Saint-Saëns seinen Willen durchgesetzt, so wären unsere Konzertprogramme um ein bedeutendes Werk ärmer, und zwar um den beliebten *Karneval der Tiere*. Zeitlebens hatte sich der Komponist geweigert, diese Komposition in Druck zu geben, in der er nicht mehr als nur einen Scherz sah. Er hatte dieses Stück für eine Faschingsveranstaltung geschrieben.

In Club Musik 1 wird der *Karneval der Tiere* für ein „Bewegungsprojekt" verwendet.
Die Anleitungen gehen von den Grundformen der Bewegung aus, ermöglichen freie und gelenkte Bewegungsimprovisation und enthalten eine gebundene Tanzform.

1. *Königlicher Marsch des Löwen*

▶ **Vorübungen**
Grundformen der Bewegung: gehen und laufen
Beim Darstellen von Verben und Adjektiven bietet sich eine fächerübergreifende Möglichkeit zum Deutschunterricht an (Wortarten, Wortfelder).

Zusätzliche Vorübungen

- Die Kinder sollen zusätzliche Wörter für Bewegungsarten finden und eventuell in einer Pantomime (Rätselspiel) vorstellen: Einer denkt sich ein Wort aus, bewegt sich dementsprechend, die anderen raten und machen die Bewegung nach.
- Wechselschritt: Beim Darstellen von Wörtern ist beispielsweise auch die Gelegenheit gegeben, Wechselschritte spielerisch zu üben. Sie werden bei den verschiedenen Tanzformen gebraucht.
- Eine weitere Spielmöglichkeit ist, dass sich alle frei im Raum bewegen, einer ruft sein Verb oder Adjektiv und alle bewegen sich dementsprechend, bis das nächste Wort gerufen wird.

Königlicher Marsch des Löwen

Hinweise

- Wenn die „Löwen" die Arena betreten, sollte nicht nur auf die Bewegung geachtet werden, sondern auch auf Mimik und Gestik.
- Zum zeitlichen Ablauf des Gestaltungsvorschlags ist zu bemerken, dass die „Löwen" erst nach und nach die Arena betreten sollen, damit die ganze Länge des Musikstücks ausgenützt wird.

2. *Das Aquarium*

▶ **Vorübungen**
Spielerische Erarbeitung der Bewegungsmöglichkeiten von Armen, Händen und Fingern.
Verwendetes Material: Tücher

Zusätzliche Vorübungen

Als Hilfe zum Finden von Bewegungsmöglichkeiten können folgende Vorstellungen dienen:
- Finger: Wasserglitzern, sanfte Wellenbewegungen, aufsteigende Bläschen
- Hände: Fische, Wellen
- Arme: Pflanzen, die sich im Wasser bewegen

Das Aquarium

Hinweise

- Es empfiehlt sich, den *Königlichen Marsch des Löwen* und *Das Aquarium* unmittelbar hintereinander zu tanzen, um Zusammenhänge zwischen den Teilen herzustellen.
- Gestaltungsvorschlag: Die Gruppen können sich abwechselnd in folgender Reihenfolge zur Musik bewegen: Fische – Pflanzen – Fische/Pflanzen – alle gehen zu Boden und verharren in Kauerstellung (siehe Videobeispiel).

3. Persönlichkeiten mit langen Ohren

Hohe und tiefe Töne in der Musik werden mit dem Körper nachempfunden.

Zusätzliche Vorübungen

- Es empfiehlt sich, verschiedene Möglichkeiten eines großen, weiten Körpers bzw. eines kleinen, engen Körpers zuerst ohne Musik zu probieren. Wie kann man den Körper ganz groß und weit, ganz klein und eng machen?
- Wenn jedes Kind seine Bewegungsformen gefunden hat, sollen die Darstellung abwechselnd geübt und die Geschwindigkeit gesteigert werden.
- Üben mit Musik (im Hörbeispiel wechselt hoch – tief sehr schnell).

Persönlichkeiten mit langen Ohren

Hinweis

- Die drei Stücke verbinden: *Königlicher Marsch des Löwen – Das Aquarium – Persönlichkeiten mit langen Ohren*.

4. Die Pianisten

Die Pianisten

Hinweis

- Dieses Stück dient als Übergang von den *Persönlichkeiten mit langen Ohren* zu den *Fossilien* und soll erst nach dem Tanz der Fossilien erarbeitet werden.

5. Fossilien

▶ Übertragt den Formplan in euer Heft und bestimmt die Form anhand des Hörbeispiels.

Formplan des Hörbeispiels B18:

| A | A | B | C | A | A | D | A |

Die Tanzform kann sich aus dem Hören der unterschiedlichen Teile ergeben, die Choreografie ist ein Vorschlag, der keineswegs zwingend ist. Der Kreativität der Kinder darf nichts im Wege stehen.

▶ **Choreografie**

Fossilien

Hinweise

- Entscheidet man sich für den Gestaltungsvorschlag (Choreografie) im Schülerbuch, kann eine kleine Geschichte den Bewegungsablauf verdeutlichen:

    A – Die Fossilien wachen auf, versuchen sich zu bewegen, es fällt ihnen schwer.

    B – Sie denken zurück: Vor vielen Jahren konnten sie sich mühelos bewegen.

    C – Sie versuchen die einzelnen Körperteile zu wecken.

    A – Nun fällt die Bewegung schon viel leichter.

    D – Sie tanzen.

    A – Aber sie sind wieder müde geworden, ihre Bewegungen werden wieder unbeholfen und steif, sie erstarren in der Bewegung.

- Die fünf Stücke verbinden: *Königlicher Marsch des Löwen – Das Aquarium – Persönlichkeiten mit langen Ohren – Die Pianisten – Fossilien*.

6. *Finale*

Finale

Hinweise

- Die erstarrten Fossilien werden nacheinander lebendig und marschieren durch die Gasse zum Ausgang der Arena.
- Alle Stücke verbinden: *Königlicher Marsch des Löwen – Das Aquarium – Persönlichkeiten mit langen Ohren – Die Pianisten – Fossilien – Finale*. (Für diesen Zweck sind die Tücher für das *Aquarium* schon am Beginn des *Königlichen Marschs* in der Kleidung versteckt, werden zu Beginn des *Aquariums* herausgeholt und verschwinden am Ende des *Aquariums* wieder in der Kleidung.)

26 Auf der Showbühne

SCHULBLUES

Playback zu *Schulblues*

B20

▶ Erfindet eigene Texte.

Beispiele für selbste gedichtete Strophen von Schülern:

1. Die Turnstunde ist heiß begehrt,
   die ist schon großen Einsatz wert.
   Die Seile rauf, zum Dauerlauf,
   das Turnen weckt uns alle auf.
   Die Turnstunde, die ist ein Hit,
   sind wir doch nachher froh und fit.
   Die Turnstunde, die ist ein Hit, Hit, Hit,
   sind wir doch nachher froh und fit.

2. Musik macht Spaß, ob Dur ob Moll,
   ich singe, spiele, tanze toll.
   Ich höre schöne Melodien
   und lass meine Gedanken ziehn.
   Mach ich das alle Tage so,
   sind Lehrer und auch Schüler froh!
   Mach ich das alle Tage so, oh, oh,
   sind Lehrer und auch Schüler froh.

3. Die Hausaufgabe ist nicht schwer,
   die Lehrerin versteht das sehr.
   Sie weiß, dass Spielen wichtig ist,
   wir freun uns, dass sie's nie vergisst.
   Macht sie das alle Tage so
   sind Lehrer und auch Schüler froh.
   Macht sie das alle Tage so, oh, oh,
   sind Lehrer und auch Schüler froh.

Tanz aus Rumänien 27

◆ Alunelul

Playback zu *Alunelul*

B21

Zusätzliche Informationen

In Rumänien existiert noch immer eine große Vielfalt an Volkstänzen, die in ihrer natürlichen, zumeist ländlichen Umgebung anzutreffen sind. Einerseits hat dies mit dem lange währenden feudalen System Rumäniens zu tun, andererseits auch mit der Isolationspolitik unter Nicolae Ceaușescu. In jüngerer Zeit ist auch in diesem Land – wie in vielen anderen Ländern Europas – die Tendenz zu beobachten, dass die Volkskultur, und damit auch die Volkstänze durch die mediale Dominanz der angloamerikanischen Kultur in den Hintergrund gedrängt wird.

Rumänische Volkstänze lassen sich nach ihrer Formation prinzipiell in Kettentänze, Gruppentänze für Männer (meist ritueller Charakter) und Paartänze (erst seit jüngerer Zeit) unterscheiden.

Alunelul gehört zur Gruppe der Kettentänze, die heute großteils in gemischter Formation zwischen Männern und Frauen getanzt werden. Zumeist ist die Kette zu einem Kreis geschlossen, wobei alle Tänzerinnen und Tänzer in die Kreismitte blicken und sich an den Schultern, den herabhängenden Händen oder die Hände gekreuzt vor bzw. hinter dem Körper halten. Der Tanz wird zu unterschiedlichsten feierlichen oder religiösen Anlässen im Jahreskreis ausgeführt.

Das typische Schrittmaterial für den Tanz besteht aus einfachen und doppelten Seit- (ev. auch Kreuzschritten) und Stampfschritten. Ähnliche Varianten dieses Tanzes findet man unter anderen Namen auch in den benachbarten Regionen Serbiens und Bulgariens.

Alunelul, ein anderer Name dafür ist auch Ca la baltă, setzt sich aus den Wortbestandteilen „alunelu" (dt. kleine Haselnuss) und der Endung „-ul", was den Artikel wiedergibt, zusammen. Der Tanz stammt aus der Provinz Oltenia (kleine Walachei) im Grenzgebiet zu Bulgarien und Serbien, in der viele Tänze den Namen Alunelul tragen. Bisweilen werden Ortsergänzungen nach dem Begriff Alunelul angegeben, um eine exakte örtliche Zuordnung einer bestimmten Variante dieses Tanzes anzugeben.

Über den Tanznamen besteht in der rumänsichen Tanzforschung Uneinigkeit. Die wörtliche Übersetzung von Alunelul bedeutet „die kleine Haselnuss". Der Musikethnologe und Tanzforscher Theodor Vasilescu sieht in Alunelul allerdings eine Zusammensetzung aus „A lu Nelu", wobei Nelu „Hans" bzw. „Johann" bedeutet. Somit wäre die Bedeutung des Begriffs „Tanz des Johann (Hans)". Vasilescu begründet diese Annahme damit, dass in Rumänien Volkstänze grundsätzlich nicht nach Bäumen, Pflanzen oder Blumen benannt werden.

28 Auf der Musikmesse

Dieses Kapitel ist für projektorientierten Unterricht geeignet. Die einzelnen „Messestände" sollen in Gruppenarbeit hergestellt werden. Wichtig dabei ist, dass die Schüler selbst noch Informationsmaterial sammeln:

- Prospekte aus Musik- oder Plattengeschäften
- Bildmaterial von Illustrierten etc.
- weitere Hörbeispiele zu den einzelnen Musiksparten

Die Informationen sollen mittels Rollenspiel „Besuch auf der Musikmesse" sinnvoll und lebensnah verarbeitet werden.

Chormusik

Zusätzliche Informationen

In allen gesellschaftlichen Schichten und Altersstufen gibt es Menschen, die gemeinsam singen und somit Chormusik praktizieren. Diesem Bedürfnis entspricht eine große Vielfalt an Chören: Sie werden einerseits nach ihren Mitgliedern benannt (z. B. Männer-, Frauen- oder Kinderchöre), andererseits nach dem Ort, an dem sie singen (z. B. Kirchenchor, Schulchor) oder nach der Art der Musik (Gospelchor, Oratorienchor, Jazzchor). Neben dem musikalischen Aspekt haben Chöre für die Sänger immer auch einen sozialen Zweck, der durch Chorfreizeiten und eine intakte Vereinsstruktur bedient wird.
War Chormusik früher vorwiegend eine Domäne der Kirche, entstanden im 19. Jahrhundert viele profane Gesangsvereine, die mitunter auch politische Inhalte transportierten und zur Identitätsbildung ihrer oft jungen Mitglieder beitrugen. Bei jungen Menschen heute sind besonders Gospel-, Jazz- und Musicalchöre gefragt.

Sinfonische Musik

Zusätzliche Informationen

Seit ungefähr der Mitte des 18. Jahrhunderts ist das Sinfonieorchester die übliche Formation zur Aufführung sinfonischer Musik.

In Deutschland gibt es verschiedene öffentlich finanzierte Orchester:

1. 84 Theaterorchester: Diese Orchester spielen hauptsächlich in Opern, Musicals und Stadt- oder Staatstheatern.

2. 30 Konzertorchester: Diese Orchester spielen hauptsächlich in großen Konzertsälen und blicken zum Teil auf eine sehr lange Tradition zurück. Die berühmtesten deutschen Konzertorchester sind die **Berliner Philharmoniker**, die **Münchner Philharmoniker** und das **Gewandhausorchester Leipzig**.

3. 12 Rundfunk- bzw. Radiosinfonieorchester und Big Bands: Sie spielen in erster Linie für Radioaufnahmen und führen besonders neue Kompositionen von zeitgenössischen Komponisten auf.

4. 7 Kammerorchester: Der feste Teil dieser Orchester besteht zum Teil nur aus Streichern, zum Beispiel das **Stuttgarter Kammerorchester** oder das **Württembergische Kammerorchester Heilbronn**.

Zu Vertiefung kann an dieser Stelle auf die Instrumentengruppen und deren Anordnung innerhalb eines Orchesters eingegangen werden. Dazu kann die unten stehende Grafik besprochen werden:

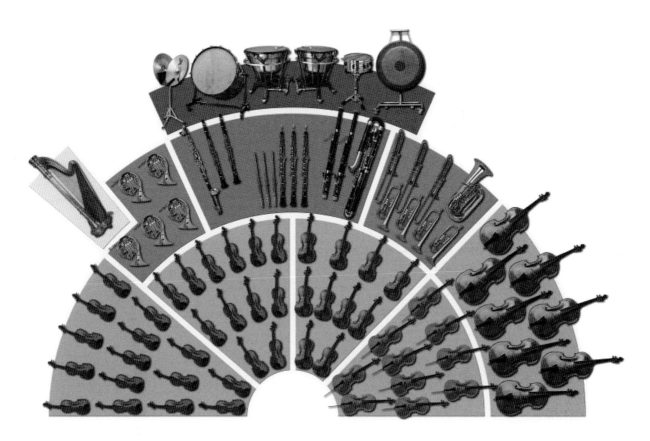

Oper

Zusätzliche Informationen

Opernmusik gibt es seit ca. 1600. Seit dem Beginn der Gattung Oper werden viele Opernsänger wie Stars behandelt. Die Komponisten schrieben für die Hauptdarsteller (Prima Donna – weibliche Hauptrolle, Primo Uomo – männliche Hauptrolle) oft besonders eindrucksvolle und auch schwierige Arien. Die *Arie der Königin der Nacht* aus der *Zauberflöte* (Hörbeispiel B24) ist eine Koloratur-Arie (siehe Notentext S. 50).

W. A. Mozart, *Die Zauberflöte, Arie der Königin der Nacht*

Arie der Königin der Nacht

W. A. Mozart, *Die Zauberflöte*, Nr. 14 *Arie der Königin der Nacht*

Die **Koloratur** (Verzierungen einer Gesangsstimme) in dieser Arie ist gekennzeichnet durch Läufe über weite Tonräume, große Sprünge, extrem hohe Töne und Vorschläge. Mozart hat diese Koloratur zur Charakterisierung und Dramatisierung der Person verwendet.

Volksmusik

Faschingstoas-Polka

Zusätzliche Informationen

Unter dem Begriff Volksmusik versteht man traditionelle Musik mit regionaltypischem Bezug, die meist nur mündlich überliefert ist. Besetzung und Instrumentation der Volksmusik unterscheidet sich stark von Land zu Land und auch innerhalb eines Landes von Region zu Region. Sehr oft ist Volksmusik mit Gesang im Dialekt der entsprechenden Region verbunden, oft wird dazu getanzt (Volkstanz). Im alpenländischen Raum ist besonders das Jodeln als volksmusiktypischer Gesangsstil zu erwähnen, oft begleitet von Instrumenten wie Harmonika oder Akkordeon.
In anderen Kulturen der Erde verwendet man ganz andere Instrumente, Gesangstechniken und Tänze. Der Charakter der Volksmusik als tradierte Musik einer bestimmten Region bleibt allerdings erhalten.
Im Hörbeispiel B25 sind folgende Instrumente zu hören: Hackbrett, Gitarre, Kontrabass.

Popmusik

Queen, *We will rock you*

Zusätzliche Informationen zu Hörbeispiel B26

Die Gruppe **Queen** ist 1970 aus der erfolglosen englischen Band *Smile* hervorgegangen und wurde 1974 durch die Gold-Single *Killer-Queen*, das Erfolgsalbum *Sheer Heart Attack* sowie eine sprunghaft wachsende Konzerttätigkeit in Europa, Ostasien und den USA zu „einer der gegenwärtig heißesten Rockgruppen" (Melodie Maker im November 1974). Queen bestand damals aus: Freddie Mercury (voc, p), Brian May (g, p, voc), John Deacon (b), Roger Meddows-Taylor (dr, perc, voc). Neben *We will rock you* (May) wurde auch der Titel *We are the champions* (Mercury) weltberühmt. Der an AIDS erkrankte Freddie Mercury verstarb am 24. 11. 1991 im Alter von 45 Jahren in London an einer Lungenentzündung.

WE WILL ROCK YOU

WE WILL ROCK YOU (sinngemäße dt. Übersetzung)

Text: Brian Harold May
© EMI Music Publishing

Buddy you´re a boy make a big noise	Buddy, du bist ein Junge, der großen Lärm macht.
Playin´ in the street gonna be a big man some day	Spielst in der Straße und möchtest einmal ein großer Mann werden.
You got mud on yo´ face	Du hast Schmutz im Gesicht.
You big disgrace	Du bist ein Schandfleck.
Kickin´ your can all over the place	Kickst deine Blechdose überall herum.
Singin´	Singst
We will we will rock you	We will we will rock you.
We will we will rock you	We will we will rock you.
Buddy you´re a young man hard man	Buddy, du bist ein junger Mann, ein harter Mann.
Shoutin´ in the street gonna take on the world some day	Schreist in der Straße und wirst die Welt eines Tages erobern.
You got blood on yo´ face	Du hast Blut in deinem Gesicht.
You big disgrace	Du bist ein Schandfleck.
Wavin´ your banner all over the place	Schwenkst deine Fahne überall herum.
Singin´	Singst
We will we will rock you	We will we will rock you.
We will we will rock you	We will we will rock you.
Buddy you´re an old man poor man	Buddy, du bist ein alter Mann, ein armer Mann.
Pleadin´ with your eyes gonna make you some peace some day	Mit deinen Augen bittend wirst du dir eines Tages Frieden bescheren.
You got mud on yo´ face	Du hast Schmutz im Gesicht.
You big disgrace	Du bist ein Schandfleck.
Somebody gonna put you back in your place	Irgend jemand wird dich wieder zurück auf deinen Platz verweisen.
We will we will rock you	We will we will rock you.
We will we will rock you	We will we will rock you.

Jazz

Louis Armstrong/All Stars, *Oh, when the saints*

Zusätzliche Informationen zu Hörbeispiel B27

Louis Daniel (auch „Satchmo" genannt) **Armstrong** wurde 1900 in New Orleans geboren. Er kam im Alter von 13 Jahren zur Musik und bildete sich zum Kornettisten (= Instrument ähnlich der Trompete) aus. Ab 1917 (17 J.) war er regelmäßig in Kapellen tätig, verließ New Orleans 1919 (19 J.) zum ersten Mal und folgte damit der allgemeinen Abwanderung eines großen Teils der Jazzmusiker aus dieser Stadt. Er spielte 1922 in der Band von King Oliver, 1924/25 bei Fletcher Henderson und bildete danach eigene kleine Gruppen (Hot Five, Hot Seven). 1932 und 1933 hatte er große Erfolge auf seiner Europatournee (England, Skandinavien, Holland, Italien, Frankreich). Er wurde zum 1. Jazzmusiker des Jahres 1944 gewählt und durfte als
Erster ein Jazzkonzert in der Metropolitan Opera in New York spielen. Louis Armstrong wird als einer der bedeutendsten Jazzmusiker seit den Anfängen des Jazz gesehen. Er starb 1971 (71 J.) und ist in New York begraben. In New Orleans gibt es ein großes Armstrong-Museum und einen Park, der seinen Namen trägt.

Oh, when the Saints ist ein Spiritual (religiöses Lied der Schwarzen in den amerikanischen Südstaaten). In dieser Aufnahme (Hörbeispiel B27) spielt L. Armstrong nicht nur auf dem Kornett, sondern er singt auch mit seiner unverkennbaren rauen, gepressten Stimme, die ein Markenzeichen für ihn wurde.

29 Lautschulung für den Vokal „I"

Vokal	Atemfluss und Zwerchfellsetzung	Stimmfaltenkompression	typischer Resonanzraum	Hauptregister, Klangtyp	typische Gefahren
I	Atem fließt stark, Zwerchfell ist sehr wenig gespannt	sehr hohe Kompression (Stimmfalten pressen aneinander)	Nasenraum und Schädelresonanz	Mittelregister; metallisch, schlank, hell	zu spitz, eng; Kehle zu hoch; Stimmfalten zu fest aneinandergepresst

Tabelle aus: Andreas Mohr, *Handbuch der Kinderstimmbildung*, S. 69

Musikalische Bausteine 30

BEETHOVEN-SONG

Playback zu *Beethoven-Song*

B30

Das Playback wird beim zweiten Mal um einen Halbton höher gespielt (Es-Dur).

▶ In welchen Takten befinden sich im Teil B das zweitaktige Motiv und seine Sequenz?

Lösung: Motiv: Takt 9 und 10
Sequenz: Takt 11 und 12

◆ Schicksalsmotiv

Einige der neun Sinfonien Beethovens haben einen Beinamen.

Die **5. Sinfonie** wurde mit dem Beinamen *Schicksalssinfonie* versehen. Das Motiv des ersten Satzes soll an die Beethoven zugeschriebenen Worte erinnern: „So klopft das Schicksal an die Pforte".

Die **3. Sinfonie** heißt *Eroica* (Heldische) und war ursprünglich Napoleon gewidmet. Als Beethoven erfuhr, dass sich Napoleon selbst zum Kaiser gekrönt hatte, war er über die nur vermeintliche demokratisch-republikanische Haltung Napoleons so erzürnt, dass er die Widmung auf der Originalpartitur wieder auskratzte.

Die **6. Sinfonie** hat den Beinamen *Pastorale*. In ihr schildert Beethoven das Leben in der Natur. Die Satzüberschriften sollen den Hörer in diese Richtung lenken („Erwachen heiterer Gefühle bei der Ankunft auf dem Lande", „Szene am Bach", „Lustiges Zusammensein der Landleute", „Gewitter und Sturm", „Hirtengesang"). Die Pastorale wurde am gleichen Tag wie die 5. Sinfonie uraufgeführt (22.12.1808).

Dreiklang 31

▶ Bildet aus dem Tonmaterial einen G-Dur- bzw. F-Dur-Dreiklang und notiert ihn in euer Heft.

Als zusätzliches Spielmaterial mit Dreiklängen kann das Dreiklang-Spielstück (S. 54) verwendet werden. Ein Spieler führt alle drei Stimmen gleichzeitig (Akkordstimmen) aus oder die einzelnen Stimmen werden auf drei Stabspiele verteilt (Einzelstimmen). Die Bassstimme kann beliebig besetzt werden (Klavier, Gitarre, Keyboard, Bassklangstäbe etc.).

Das Stück besteht aus einer viertaktigen Phrase, die ständig wiederholt wird.
Im vierten Takt ist ein RHYTHMUS-BREAK vorgesehen. Diese Pause soll von den Schülern abwechselnd rhythmisch ausgefüllt werden (Klatschen/Percussioninstrumente).

Die Dreiklänge können auch gesungen werden.

DREIKLANG-SPIELSTÜCK

Musik: Gerhard Wanker
© Helbling

32 Tempo

◆ Tempobezeichnungen

Tempo – Zuordnungsbeispiele

B34–37

▶ Hört zuerst alle vier Hörbeispiele und schreibt beim zweiten Hördurchgang die zutreffende Tempobezeichnung für jedes Stück in euer Heft.

Lösung:

		Tempobezeichnung
1. Hörbeispiel B34	L. v. Beethoven, *Mondscheinsonate*, 1. Satz – Beginn	Adagio (sostenuto)
2. Hörbeispiel B35	W. A. Mozart, Sinfonie Nr. 40, g-Moll, 2. Satz – Beginn	Andante
3. Hörbeispiel B36	G. F. Händel, *Feuerwerksmusik*, 4. Satz – Beginn	Allegro
4. Hörbeispiel B37	L. v. Beethoven, *Mondscheinsonate*, 3. Satz – Beginn	Presto (agitato)

Antonio Vivaldi, *Winter*, 2. Satz, Beginn (drei Interpretationen)

B39–41

▶ Hört folgende drei Interpretationen des zweiten Satzes aus einem Violinkonzert von Antonio Vivaldi (*Vier Jahreszeiten, Winter*) und sprecht dann über die Tempounterschiede. Bestimmt mit Hilfe eines Metronoms die Tempi der drei Interpretationen.

Lösung:

	Interpretation	Tempo
1. Hörbeispiel B39	Nadja Salerno-Sonnenberg	Tempo M.M. ♩ = ca. 72
2. Hörbeispiel B40	Alice Harnoncourt	Tempo M.M. ♩ = ca. 117
3. Hörbeispiel B41	Anne-Sophie Mutter	Tempo M.M. ♩ = ca. 60

TANCUJ – TANZ NUR

Playback zu *Tancuj – Tanz nur*

B42

Weitere Strophen in slowakischer Sprache

2. Měla som já rukávce, rukávce,
dala som je cigánce, cigánce,
cigáněčko malúčká, malúčá,
pričaruj mi synečka, synečka.

3. Keď já budem čarovat, čarovat,
musíš ty mne něco dát, něco dát,
čtyry groše nebo pět, nebo pět,
bude šohaj ako květ, ako květ.

Aussprachehilfen

In der slowakischen Sprache erfolgen die Betonungen grundsätzlich auf der ersten Silbe.
Die Angabe der spezifisch slowakischen Laute erfolgt nur einmal und ist analog anzuwenden.
Wenn nicht anders angegeben, ist die Aussprache gleich wie im Deutschen.

1. Strophe (im Schülerbuch)

vykrúcaj = wikrúzaj
nezrúzaj = nesrúzaj (stimmhaftes „s", wie blasen)
každy = kaschdi (stimmhaftes „sch", wie Genie)
piecku = pjezku

Lautschulung für den Vokal „E" 33

Vokal	Atemfluss und Zwerchfellsetzung	Stimmfaltenkompression	typischer Resonanzraum	Hauptregister, Klangtyp	typische Gefahren
E	Atem fließt reichlich, Zwerchfell ist sehr wenig gespannt	hohe Kompression	Nase und Nasenrachenraum	Mittelregister; hell, metallisch	oft zu breit; Kehle zu hoch; eng; blechern

Tabelle aus: Andreas Mohr, *Handbuch der Kinderstimmbildung*, S. 69

34 Klänge in der Musik

◆ **Toneigenschaften**

▶ Ordnet die Toneigenschaften den folgenden Begriffen zu und notiert sie in euer Heft:

Lösung:

Tonhöhe: hoch, tief   Tonlänge: lang, kurz

Tonstärke: laut, leise   Klangfarbe: hell, dunkel

Toneigenschaften – Zuordnungsbeispiele

B45–50

Jedes Hörbeispiel wird dreimal gespielt.

▶ Hört euch die Musikbeispiele an. Schreibt hinter jedes Beispiel die dazu passenden Toneigenschaften in euer Heft.

Lösung:

Hörbeispiel B45:   tief, lang, leise, dunkel   Hörbeispiel B48:   hoch, lang, leise, hell
Hörbeispiel B46:   hoch, kurz, laut, hell   Hörbeispiel B49:   hoch, kurz, leise, dunkel
Hörbeispiel B47:   tief, kurz, laut, dunkel   Hörbeispiel B50:   tief, lang, laut, dunkel

▶ Schreibt für jedes Instrument euren Klangeindruck …

mögliche Lösungen:

B52 (Querflöte): glänzend, rund, warm
B53 (Klarinette): scharf, schrill (hohe Lage), rund (tiefe Lage)
B54 (Violine): durchdringend, dunkel (tiefe Lage), hell (hohe Lage)
B55 (Gitarre): warm, zart, schlank, samtig, rund

35 Tanzlied aus Südamerika

UN POQUITO CANTAS

Un poquito cantas

Als Alternative zu der im Videobeispiel gezeigten Tanzfassung können sich die Schüler während des Zwischenspiels frei durch den Raum bewegen und einen neuen Platz einnehmen.

BEWEGUNGSLIED 36

MIT MUSIK GEHT ALLES BESSER

Playback zu *Mit Musik geht alles besser*

Dieses Bewegungslied kann je nach Raum- bzw. Platzgröße im Gehen oder im Sitzen ausgeführt werden. Die erste Strophe ist für die Ausführung im Gehen, die zweite Strophe für die Ausführung im Sitzen gedacht. Die im Teil B möglichen neuen Aktionen, die mit den Schülern gefunden werden, sollen schon vorher festgelegt und in der Reihenfolge ihres Einsatzes an die Tafel geschrieben werden.

Form des Hörbeispiels C1: Vorspiel ||: Lied – Zwischenspiel :|| (6x) – Nachspiel

▶ **Ausführung**

Gehfassung – 1. Strophe

Mit Musik geht alles besser – Gehfassung

- Während des Vorspiels stehen alle schon paarweise im Kreis.
- Bei Teil A beginnen alle zu singen und nach dem Auftakt mit dem rechten Fuß zu gehen.
- Beim Zwischenspiel zu Teil B stellen sich die Partner einander gegenüber auf.
- Bei Teil B werden die Aktionen, die im Text beschrieben sind, ausgeführt:
  - In den ersten zwei Takten wird immer auf den ersten beiden Schlägen eine Aktion gesungen, aber erst auf dem dritten Schlag ausgeführt.
  - Bei der Textstelle „klatschen in die Hände" wird jeweils auf den Schlägen 1 und 3 jedes Takts geklatscht.
- Beim folgenden Zwischenspiel sucht jeder einen neuen Partner. Die neuen Paare gehen wieder in die Kreisaufstellung.
- Alles wird von vorne wiederholt.

Sitzfassung – 2. Strophe

Mit Musik geht alles besser – Sitzfassung

- Während des Vorspiels sitzen alle auf ihren Stühlen.
- Bei Teil A beginnen alle zu singen und schnipsen jeweils auf dem ersten Schlag jedes Takts.
- Beim Zwischenspiel zu Teil B wird nicht mehr geschnipst.
- Bei Teil B werden die Aktionen, die im Text beschrieben sind, ausgeführt:
  - In den ersten zwei Takten wird immer auf den ersten beiden Schlägen eine Aktion gesungen, aber erst auf dem dritten Schlag ausgeführt.
  - Bei der Textstelle „klatschen in die Hände" wird jeweils auf den Schlägen 1 und 3 jedes Takts geklatscht.
- Bei der entsprechenden Textstelle rücken alle um einen Platz nach rechts. Bei Aufstellung in Reihen geht jeweils der rechts Ausscheidende in die nächste Reihe auf den äußersten linken Platz.
- Das folgende Zwischenspiel soll, nachdem jeder einen neuen Sitzplatz hat, dazu dienen, sich auf den nächsten Anfang vorzubereiten.
- Alles wird von vorne wiederholt.

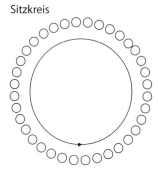

Falls es die Raumsituation nicht zulässt, die oben angegebenen Lösungen zu realisieren, wird für die Sitzfassung bei der Stelle „Rücken einen Sessel nach" folgender Text bzw. folgende Ausführung vorgeschlagen: „Stehn von unsern Stühlen auf und fangen nochmals an". Beim anschließenden Zwischenspiel setzen sich alle wieder hin, um bei Teil A neu zu beginnen.

37 Weißt du noch?

Arbeitsblatt *Kreuzworträtsel* Kopiervorlage

In diesem Kreuzworträtsel sind musikalische Begriffe verschlüsselt zu finden.

▶ Schreibt die fehlenden Buchstaben in ganzen Noten im Bereich der eingestrichenen Oktave. Die Hinweise auf der nächsten Seite helfen euch, das Kreuzworträtsel zu lösen.

▶ Sprecht über einzelne Begriffe. Was wisst ihr noch darüber?

Hinweise

1: Nicht die Molltonleiter, sondern die . URTONL . IT . R ist der gesuchte Begriff.
2: großes, stimmbares Fellinstrument
3: ital. Bezeichnung für „laut" in der Musik
4: ital. Bezeichnung für „sehr schnell" in der Musik
5: ital. Bezeichnung für „langsamer werden" in der Musik
6: Intervall zwischen Sekunde und Quarte
7: Gliederung in lange und kurze Tondauern/Pausen
8: Widerhall
9: französischer Name des Dudelsacks; Titel eines Klavierstücks von J. S. Bach
10: Titel des Lieds, das mit „Am Morgen muss ich früh aufstehn …" beginnt
11: Komponist der Sinfonie *mit dem Paukenschlag*
12: deutsche Bedeutung von „piano"
13: ♯ und ♭ am Beginn einer Notenzeile nennt man …
14: Musikrichtung, in der die Improvisation eine bedeutende Rolle spielt
15: Bezeichnung für eine Klangfarbe
16: Das Gegenteil von „tief" ist …
17: Abstände zwischen zwei Tönen
18: Einheit zur Gruppierung von Notenwerten
19: Name eines Intervalls
20: Klang, der aus drei Tönen besteht
21: ♪ ♩ 𝅗𝅥 𝅝 : jedes dieser Zeichen ist eine …
22: berühmter Komponist, der in Bonn geboren wurde und in Wien gestorben ist
23: Komponist, der mit zwei Ehefrauen 20 Kinder hatte
24: Begriff für gleichmäßige, gleich betonte Schläge
25: österreichischer Komponist, der schon als Wunderkind berühmt wurde

Lösungwort

Das Lösungswort des Kreuzworträtsels ist der Name eines bekannten österreichischen Komponisten.

Ihr erhaltet es, wenn ihr

a) zunächst die acht Buchstaben seines Namens aus dem Kreuzworträtsel richtig in die Kästchen unten überträgt und dann

b) die Reihenfolge der Buchstaben richtigstellt.

Hinweis:
24/3 bedeutet: Verwendet aus dem Begriff Nummer 24 den dritten Buchstaben.

▶ a) Schreibt die richtigen Buchstaben in die Kästchen:

24/3	17/4	16/1	10/4	20/2	8/2	22/1	4/4

b) Das Lösungswort lautet:

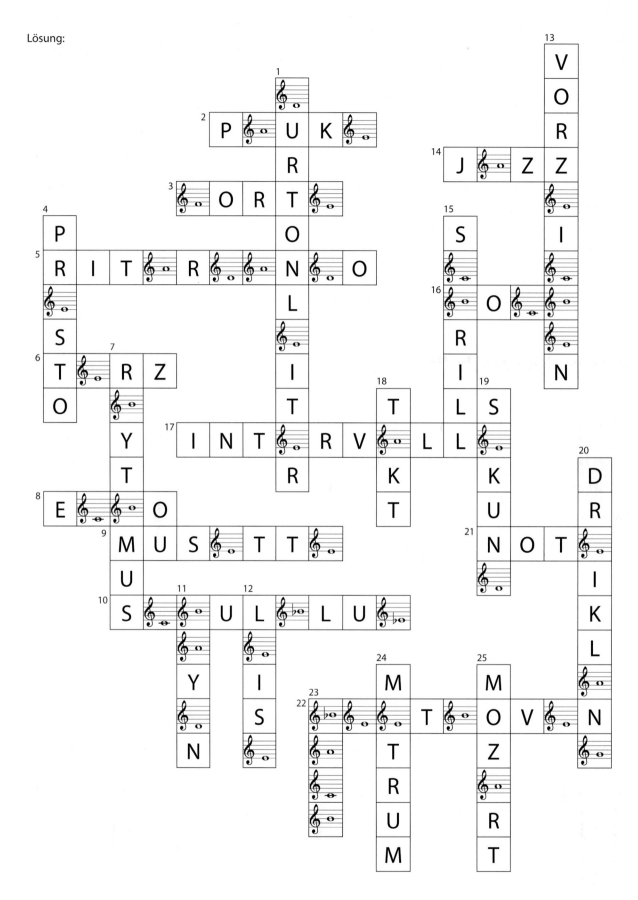

a) Schreibt die richtigen Buchstaben in die Kästchen:

24/3	17/4	16/1	10/4	20/2	8/2	22/1	4/4
T	E	H	U	R	C	B	S

b) Das Lösungswort lautet:

SCHUBERT

Musik im Fernsehen 38

▶ Macht euch Notizen zu den folgenden Fragen und diskutiert anschließend darüber mit der Klasse.

Wann wird bei euren Lieblingssendungen Musik eingesetzt?
- am Beginn einer Sendung als Signation (Kennmelodie)
- am Ende einer Sendung als Signation (Kennmelodie)
- bei einer Unterhaltungs-Show (Auftritte von Musikgruppen, Sängern, Orchestern, Ensembles)

Welche Aufgaben hat sie?
- Signalfunktion (Kennmelodien)
- Musikunterlegung
  - bei Reportagen (Hochzeiten, Begräbnissen, Feierlichkeiten u. a.)
  - bei Dokumentationen
  - für das Erzeugen von speziellen Stimmungen (Filme, Serien etc.)
  - in der Werbung

◆ Eurovisionsmelodie

M.-A. Charpentier, *Te Deum*, Prélude

C3

Spiel-mit-Satz für Stabspiele zu Hörbeispiel C3

Die Melodiestimme des Prélude aus dem *Te Deum* von M.-A. Charpentier ist im folgenden Notenbild zu sehen. Die Zeilen, bei denen die Schüler den Spiel-mit-Satz für Stabspiele ausführen, sind mit dem Buchstaben A gekennzeichnet. Die Schüler beginnen erst beim zweiten A-Teil zu spielen. Beim ersten A-Teil sowie bei den Teilen B und C wird zugehört bzw. dirigiert.

Notentext zu Hörbeispiel C3   Multimedialer Spiel-mit-Satz

Hinweis: Der Notentext im Schülerbuch ist aus Gründen der leichteren Lesbarkeit vereinfacht dargestellt.

61

Hinweise für die Ausführung des Spiel-mit-Satzes

Der Spiel-mit-Satz für Stabspiele/Klangbausteine zu Hörbeispiel C3 soll auf Overheadfolie kopiert oder mit Beamer (CD-ROM) projiziert werden. Das Mitzeigen auf der Overheadfolie durch den Lehrer oder einen Schüler wird bei der Ausführung empfohlen, beim multimedialen Spiel-mit-Satz erfolgt dies automatisch.

Ausführung mit kompletten Stabspielen

Wenn komplette Stabspiele (Xylofone, Metallofone) verwendet werden, wird die Buchstabennotation zeilenweise einem Stabspiel zugeordnet.
Die Großbuchstaben werden von einem tiefer klingenden Instrument (Tenor- oder Bassxylofon, Gitarre, Keyboard, E-Bass, Kontrabass etc.) ausgeführt.

„Eurovisionsmelodie"

	1		2		3	
Stabspiel 1 spielt die Töne: a, h	. a . a .	a . a .	h .
Stabspiel 2 spielt die Töne: e, fis, g	. fis . fis .	e . fis .	g . usw.
Stabspiel 3 spielt die Töne: cis, d	. d . d .	cis . d .	d .
Bass spielt die Töne: D, G, A	. D . D .	A . D .	G .

Ausführung mit Klangbausteinen

Jeder Schüler bekommt nur einen Klangbaustein.
Der Buchstabe a im Spiel-mit-Satz bedeutet, dass alle zur Verfügung stehenden Klangbausteine mit dem Ton a verwendet werden können, gleichgültig in welcher Oktavlage. In diesem Spiel-mit-Satz werden sieben verschiedene Töne verwendet (cis, d, e, fis, g, a, h). Falls Klangbausteine über drei Oktaven vorhanden sind, können also 21 Schüler für die Töne in Kleinbuchstaben eingesetzt werden.

gespielter Klangbaustein

Die Großbuchstaben sollen von einem tiefer klingenden Instrument (Tenor- od. Bassstäbe, Gitarre, Keyboard, E-Bass, Kontrabass etc.) ausgeführt werden.

Wichtig

Da nicht jeder Ton bei jedem Akkord vorkommt, wird empfohlen, dass jeder Spieler bei fremden Tönen einen Luftschlag macht (siehe rechts). Dadurch wird ein ständiges Mitmusizieren gewährleistet.

Luftschlag

Ausführung ohne Playback

Der Spiel-mit-Satz kann auch als eigener Spiel-Satz verwendet werden. In diesem Fall muss die Melodie von einem Melodieinstrument gespielt werden. Der Begleitsatz wird von Stabspielen oder Klangbausteinen ausgeführt.

Marc-Antoine Charpentier (1634, Paris – 1704, Paris / 70 J.) ging in jungen Jahren nach Italien, um Maler zu werden. Er ließ sich in Rom aber auch vom Komponisten Giacomo Carissimi unterweisen und kam als Musiker nach Paris zurück. Er schrieb zunächst vorwiegend für das Theater, wurde Mitarbeiter Molières und Kapellmeister in einem Adelshaus, stand aber stets im Schatten des eifersüchtigen Jean-Baptiste Lully (1632–1687 / 55 J.), der die Stelle des „Maître de la Musique de la Famille Royale" innehatte und wohl der bedeutendste Barockkomponist Frankreichs war. Als 50-Jähriger konnte M.-A. Charpentier wegen einer Krankheit die Stelle des „Sous-maître de chapelle" am Hof nicht annehmen. Ein Jahr darauf erhielt er die Stelle eines Musikmeisters an einem Jesuiten-Kolleg. Nunmehr schrieb er fast ausschließlich geistliche Musik: 12 Messen, 24 Oratorien und Kantaten, 100 Motetten, Hymnen und Psalmen sind die Werke dieser reifen Jahre. 1698 wurde er an die Sainte-Chapelle berufen und blieb bis zu seinem Tod dort.

Die Musik von Charpentier wurde zu Lebzeiten sehr wenig gedruckt. Glücklicherweise kam der Großteil der Manuskripte bald nach seinem Tod in die Bibliothèque du Roi, die den Grundstock für die spätere Nationalbibliothek bildete. Dort hat Charpentiers Werk fast 250 Jahre geruht. Heute erkennen wir in ihm einen großen französischen Meister der Musik des 17. Jahrhunderts, dessen Musik von barocker Prachtentfaltung bis zu zart-verhaltener Lyrik viele Ausdrucksbereiche umfasst. Das *Te Deum* gehört zu den eindrucksvollsten Werken des Meisters.

Spiel-mit-Satz zu *Eurovision*

Multimedialer Spiel-mit-Satz *Eurovision*, Fassung für Big Band (Jazzorchester)

C4

▶ Beschreibt dieses Musikstück. Sagt das Stück bei einer Radiosendung an und erläutert es. Folgende Ausdrücke sollen euch dabei helfen:
Big Band – Solo – Improvisation – Synthesizer – Tonartenwechsel – Steigerung – Dynamik.

Beispiele von Schülern

Beispiel 1: Doppelmoderation

Lisa: Hallo, hier sind wieder Karin-Gisela …
Karin: … und Lisa-Mercedes in den Music-Nachrichten.
Lisa: Das Thema heute: die Eurovision.
Karin: Komponiert hat sie Marc-Antoine Charpentier,
Lisa: und das ist schon mehr als 300 Jahre her.
Karin: Trotzdem – ein tolles Werk.
Lisa: Bevor wir die moderne Version des Stücks spielen, noch das Wichtigste:
Karin: Marc-Antoine Charpentier lebte von 1634 bis 1704, wurde also 70 Jahre alt.
Lisa: Im Unterschied zum Original spielen in der modernen Eurovision E-Gitarre, Schlagzeug und Synthesizer.
Karin: Ja, das klingt so richtig „jazzig"!
Lisa: So, Leute, das war's auch schon – und jetzt „Ohren auf" …

Beispiel 2: Einzelansage

„Guten Tag, meine Damen und Herren. Ich begrüße Sie heute wieder bei unserer Sendung. Heute haben wir ein ganz spezielles Stück für Sie vorbereitet. Sie kennen sicher die Kennmelodie der Eurovision. Sie wurde ungefähr vor 300 Jahren von Marc-Antoine Charpentier komponiert. Er lebte von 1634 bis 1704, wurde also 70 Jahre alt. Die „Eurovisionsmelodie" ist der erste Teil des *Te Deums*, eines geistlichen Werks für Chor und Orchester. Heute hören Sie eine neue Version dieses Stücks. Beachten Sie bitte die Instrumente wie E-Gitarre, Synthesizer und Schlagzeug. Nach einem tollen Schlagzeugsolo hören Sie eine große Steigerung bis zum Schluss."

39 Takt spezial

◆ Auftakt

▶ Sprecht verschiedene Sätze (aus Zeitungen, Büchern etc.) in der natürlichen Wortbetonung. Überprüft, ob die Beispiele mit Auftakt oder Volltakt beginnen.

Vorübung (an die Tafel schreiben)

1. Sprecht folgenden Satz und achtet dabei auf die natürlichen Wortbetonungen.

   > Ein Zirkus ist wieder in unserer Stadt.

2. Markiert die betonten Silben mit einem Betonungszeichen (>).

   >   >   >   >   >
   > Ein Zirkus ist wieder in unserer Stadt.

3. Schreibt unter jede Silbe eine Viertelnote.

4. Schreibt vor jeder Note, über der ein Betonungszeichen steht, einen Taktstrich.

5. Ihr erhaltet einen ³/₄-Takt. Diese Textzeile fängt mit einem **Auftakt** an, weil die erste Silbe des Satzes nicht betont ist, und hat am Schluss eine Viertelpause, damit Auf- und Schlusstakt sich zu einem vollständigen Takt ergänzen.

Zusätzliche Übungen zum Erkennen von Auftakt bzw. Volltakt

Überprüft die folgenden Sätze auf Auftakt bzw. Volltakt, indem ihr nach dem Muster der Vorübung vorgeht und darauf achtet, ob die erste Silbe des Satzes bei natürlicher Wortbetonung betont wird (Volltakt) oder nicht (Auftakt).

Kopiervorlage

Schreibt vor jeden Satz mit Auftakt ein A, vor jeden Satz mit Volltakt ein V.

	Lachen ist gesund.
	Der Opernball ist optimal.
	Wissen Sie, warum es schneit?
	Schifahr'n ist das Spaßigste.
	Gymnastik hält jung.
	Niemand hört das Radio.

Lösung:

V	Lachen ist gesund.	4/4
A	Der Opernball ist optimal.	4/4
V	Wissen Sie, warum es schneit?	4/4
V	Schifahr'n ist das Spaßigste.	4/4
A	Gymnastik hält jung.	3/4
V	Niemand hört das Radio.	4/4

◆ Verschiedene Taktarten

▸ Notiert folgende Takte in euer Heft und ergänzt die Taktartangaben.
Lösung:

   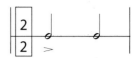

▸ Findet in der unteren Notenzeile die Betonungen nach den obigen Hinweisen und klatscht das Beispiel oder spielt es mit einem Rhythmusinstrument.
Lösung:

Zusätzliche Übungen, die nicht im Schülerbuch stehen

Kopiervorlage

Lösung:

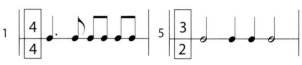
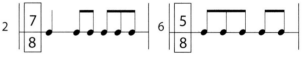

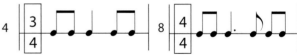

Lernspiel Look & click – Taktarten

Lernspiel Look & click – Taktarten

Bei diesem Spiel ist jeweils ein unvollständiger Rhythmustakt (mit Taktangabe) gegeben. Die Schüler sollen aus einer Auswahl jene Notenwerte bestimmen, die den Takt richtig ergänzen.

Taktarten: 2/2, 2/4, 3/4, 4/4, 6/8

- Level 1: 1 Note fehlt, 3 Antwortmöglichkeiten
- Level 2: 2 Noten fehlen, 4 Antwortmöglichkeiten
- Level 3: 3 Noten fehlen, 5 Antwortmöglichkeiten

◆ Geheimnisvoller Reigen der jungen Mädchen

Der Ausschnitt wird drei Mal gespielt.

I. Strawinsky, *Le Sacre du Printemps*, Geheimnisvoller Reigen der jungen Mädchen – Beginn (3x)

40 Marsch

Preußens Gloria – Militärmarsch

J. G. Piefke, *Preußens Gloria* – Militärmarsch

Preußens Gloria – **Formverlauf** – Lösung:

◆ Berühmte Märsche

Triumphmarsch – Aida

Giuseppe Verdi (1813–1901 / 87 J.) wurde in Le Roncole als Sohn eines kleinen Kaufladenbesitzers geboren. Mit 16 Jahren war er als Musiker fertig ausgebildet. Aus einer kurzen Ehe mit Margherita Barezzi († 1840) stammten zwei Nachkommen, die aber schon im Kindesalter starben. Neben einem Requiem und Streichquartetten schrieb Verdi 26 Opern und gilt als der italienische Opernkomponist.

Aida, eine Oper in vier Akten nach einem Text von Antonio Ghislanzoni, gehört zu den Spätwerken Verdis (58 J.) und wurde am 24. Dezember 1871 in Kairo anlässlich der Eröffnung des Suezkanals uraufgeführt. Für dieses Werk ließ Verdi für die Bühnenmusik (*Triumphmarsch*) eigens lange Trompeten bauen (Aida-Trompeten). Der *Triumphmarsch* wird bei heutigen Aufführungen in Ermangelung von Aida-Trompeten meist mit C-Trompeten besetzt. *Aida* ist weltweit eine der am meisten aufgeführten Opern.

Personen: Der König von Ägypten (Bass); Amneris, seine Tochter (Mezzosopran); Aida, eine äthiopische Sklavin (Sopran); Amonasro, ihr Vater, König von Äthiopien (Bariton); Radames, ägyptischer Feldherr (Tenor); Ramphis, Oberpriester (Bass)

Ort und Zeit: Memphis und Theben (Ägypten), Pharaonenzeit

Inhalt: Radames, der als Feldherr zum Kampf gegen Äthiopien auserkoren wurde, wird von zwei Frauen geliebt. Von Amneris, der ägyptischen Königstochter, die nach Gegenliebe heischt und von Aida, einer äthiopischen Sklavin, die eigentlich die Tochter des Königs von Äthiopien ist. Zu ihr fühlt sich Radames auch in Liebe hingezogen. Hasserfüllt versucht Amneris das liebende Paar zu trennen und Radames für sich zu gewinnen. Radames kehrt mit seinem Heer als Sieger heim (*Triumphmarsch*) und der König schwört, ihm jede Belohnung zu gewähren. Radames bittet nun um die Freilassung der äthiopischen Gefangenen. Die listigen Priester aber beeinflussen den König so, dass er zwar die Gefangenen, nicht aber Amonasro und Aida freigibt. Amneris triumphiert innerlich und der König schenkt Radames ihre Hand. Radames gibt sich nur widerstrebend den Empfindungen hin. Amonasro hegt nun folgenden Plan: Wenn Radames Aida wirklich über alles liebt, soll er mit ihr fliehen. Anfangs ist Radames über diese Forderung entsetzt, Aida gelingt es aber, ihn umzustimmen. Bei der Flucht erscheint plötzlich Amneris. Amonasro will sie töten, doch Radames schützt sie und stellt sich den herbeieilenden Wachen, während Aida mit ihrem Vater entflieht. Amneris beschwört Radames, sich vor Gericht zu rechtfertigen und mit ihr doch die Ehe zu schließen. Beglückt hört Radames, dass Aida noch lebt, dann lässt er sich trotz Amneris' Flehen ins Gefängnis zurückführen. Das Urteil wird gefällt: Radames soll in einem kellerartigen Gewölbe lebendig begraben werden. In trauernder Verzweiflung gedenkt der Eingeschlossene der geliebten Aida. Da tritt sie zu ihm: Sie hat sich in dem Gewölbe verborgen, um mit Radames zu sterben.

Hochzeitsmarsch – Ein Sommernachtstraum

Felix Mendelssohn Bartholdy (1809–1847 / 38 J.) wurde in Hamburg als Sohn eines Bankiers geboren und wuchs in Berlin auf. Mit 20 Jahren führte er erstmals seit Bachs Tod dessen *Matthäus-Passion* auf und leitete damit die „Bach-Renaissance" ein, die bis heute dauert. Mit 24–26 Jahren war er städtischer Musikdirektor in Düsseldorf, mit 26 Jahren wurde er Leiter des Gewandhauses in Leipzig und gründete mit 34 Jahren das Leipziger Konservatorium.

Ein Sommernachtstraum: In den Jahren 1841–1844 (32–35 J.) komponierte Mendelssohn verschiedene Werke im Auftrag des preußischen Königs, darunter auch die Musik zu Shakespeares *Ein Sommernachtstraum*, die am 14. Oktober 1843 im Neuen Palais in Potsdam uraufgeführt wurde. Die Ouvertüre hatte er bereits mit 17 Jahren geschrieben – ein Geniestreich, dessen Wiederholung 17 Jahre später kaum jemand erwarten konnte. Die Überraschung gelang, denn wie selbstverständlich konnte der 34-Jährige an sein Jugendwerk anknüpfen. *Ein Sommernachtstraum* op. 61 besteht aus acht Teilen: Ouvertüre, Nr. 1: Scherzo, Nr. 3: Lied mit Chor, Nr. 5: Allegro appassionato, Nr. 7: Con moto tranquillo, Nr. 9: *Hochzeitsmarsch*, Nr. 11: *Ein Tanz von Rüpeln*, Finale.

Beim Hören der Hörbeispiele C8–C10 können die Noten auf den nächsten Seiten zum Mitlesen auf Overheadfolie kopiert werden. Zum Hörbeispiel C11 wird ein Formplan angeboten. Ein Schüler oder der Lehrer zeigt beim Hören auf der Folie mit.

Kopiervorlage für Overheadfolie

Triumphmarsch

C8

G. Verdi, *Triumphmarsch* – Ausschnitt

Hochzeitsmarsch

C9

F. Mendelssohn Bartholdy, *Hochzeitsmarsch* – Ausschnitt

Trauermarsch

Kopiervorlage für Overheadfolie

L. v. Beethoven, Sinfonie Nr. 3 (*Eroica*), *Trauermarsch* – Ausschnitt

C10

Marsch einer Street-and-Marching-Band aus Amerika – *Bourbon street parade*

Traditional-Marsch, *Bourbon street parade* (The All Star Marching Band) – Ausschnitt

C11

Taktleiste

1. Chorus
(Themen-Chorus)

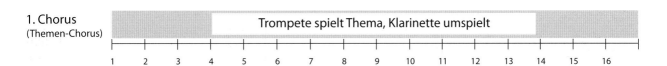

2. Chorus
(Themen-Chorus)

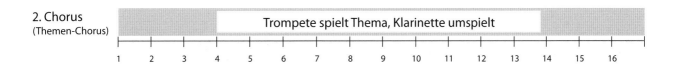

3. Chorus
(Improvisations-Chorus)

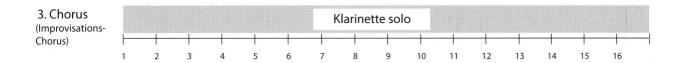

4. Chorus
(Improvisations-Chorus)

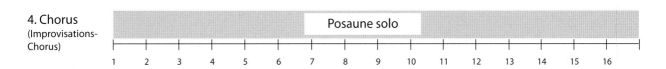

5. Chorus
(Improvisations-Chorus)

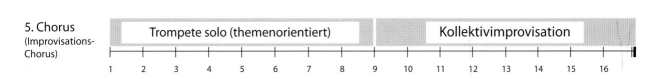

◆ **Marsch-Performance**

Marsch-Collage

Die Teile aus den einzelnen Märschen kommen in folgenden Längen (Sekundenangabe) vor:

1 = *Preußens Gloria*	8	+	4	+	9	+	8	=	29
2 = *Triumphmarsch*	14	+	9	+	8			=	31
3 = *Hochzeitsmarsch*	12	+	10	+	12			=	34
4 = *Trauermarsch*	18	+	7	+	9			=	34
5 = *Bourbon street parade*	16	+	8	+	12			=	36

Die Märsche kommen in folgender Reihenfolge vor:

1. *Preußens Gloria* 0:00
2. *Triumphmarsch* 0:08
3. *Trauermarsch* 0:22
4. *Hochzeitsmarsch* 0:40
5. *Bourbon street parade* 0:52
6. *Preußens Gloria* 1:08
7. *Triumphmarsch* 1:12
8. *Hochzeitsmarsch* 1:21
9. *Preußens Gloria* 1:31
10. *Trauermarsch* 1:40
11. *Bourbon street parade* 1:47
12. *Preußens Gloria* 1:55
13. *Trauermarsch* 2:03
14. *Triumphmarsch* 2:12
15. *Hochzeitsmarsch* 2:20
16. *Bourbon street parade* 2:32

Die folgende Grafik zeigt den zeitlichen Ablauf der Musik zur Marsch-Performance (Sekundeneinteilung):

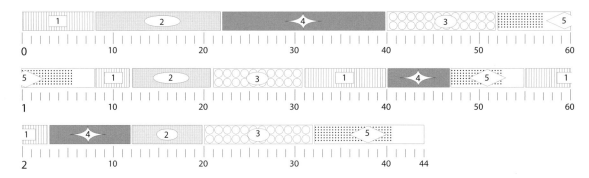

Marsch-Performance

41 Spielen mit Boomwhackers: Peanuts

▶ Findet für die ersten zwei Takte im Teil B neue Nahrungsmittel (z. B.: Gemüse, …).

Lösungsmöglichkeiten:

Gemüse: 3-silbig: Kohlsprossen, Lauchstange, Meerrettich …
4-silbig: Knoblauchzehe, Zwiebelknolle, Spargelspitzen …

weitere Nahrungsmittel: 3-silbig: Leinsamen, Walnüsse, Weintrauben, Fruchtjogurt …
4-silbig: Weizenkleie, Haferflocken, Haselnüsse, Bienenhonig …

Begleitsatz zu *Peanuts* für Boomwhackers

Multimedialer Spiel-mit-Satz

Noten mit Versetzungszeichen 42

▶ Entschlüsselt die Noten-Geheimschrift. Wie lauten die Sätze?

Satz 1:

Lösung: Im Cafe in Bagdad aß Edda Fische des Paschas.

Satz 2:

Lösung: Deshalb essen Affen fade Fische.

Satz 3:

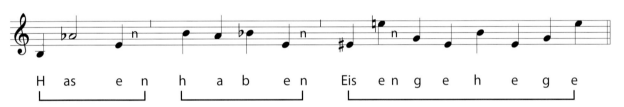

Lösung: Hasen haben Eisengehege.

Lernspiel Fang die Note

Lernspiel Fang die Note

In diesem Spiel wird das schnelle Erkennen von Noten mit Versetzungszeichen geübt. Angegeben ist ein Notenname (z. B. g^1). Von oben fallen nun Kärtchen mit notierten Tonhöhen nach unten. Das entsprechende Kärtchen soll unten gefangen werden. Gelingt dies nicht, geht eine von fünf Spielchancen verloren.

Tonhöhen: von b bis his^2

- Level 1: niedrige Geschwindigkeit
- Level 2: mittlere Geschwindigkeit
- Level 3: hohe Geschwindigkeit

◆ Enharmonische Verwechslung

▶ Schreibt die Notennamen für die enharmonische Verwechslung in euer Heft.

Lösung: cis = des   eis = f   ais = b

         dis = es   fis = ges   h = ces

         e = fes   gis = as   his = c

SHARP AND FLAT

 Playback zu *Sharp and flat*   Multimedialer Spiel-mit-Satz

C14

▶ Schreibt die Notennamen von *Sharp and flat* in euer Heft.

Bei der Auflösung unten sind unter den Notennamen dort, wo es notwendig ist, auch jene in der enharmonischen Verwechslung angeführt. Beim Spiel mit Klangbausteinen ist es besser, bei diesen Notennamen mitzulesen, da sie auch auf den Klangbausteinen stehen.

Lösung: Kopiervorlage für Overheadfolie

Benötigte Klangbausteine:
$cis^1, dis^1, e^1, f^1, fis^1, gis^1, a^1, b^1, h^1, c^2, cis^2$

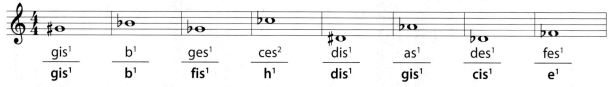

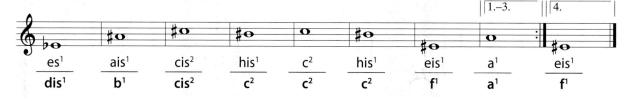

Weitere Übungsmaterialien

Auf den nächsten Seiten befinden sich Kopiervorlagen für:
- Chromatisches Notenquartett
- Enharmonisches Notendomino

Die Kopiervorlagen werden für jeden Schüler auf Papier oder Karteikarton kopiert. Durch die angebotenen Spielmöglichkeiten werden zusätzliche Übungen für die Sicherung dieses Lernstoffs angeboten.

Die Spiele können und sollen auch während des ganzen Jahrs als Wiederholung gespielt werden.

Das chromatische Notenquartett ist nach folgendem System aufgebaut:

Chromatisches Notenquartett

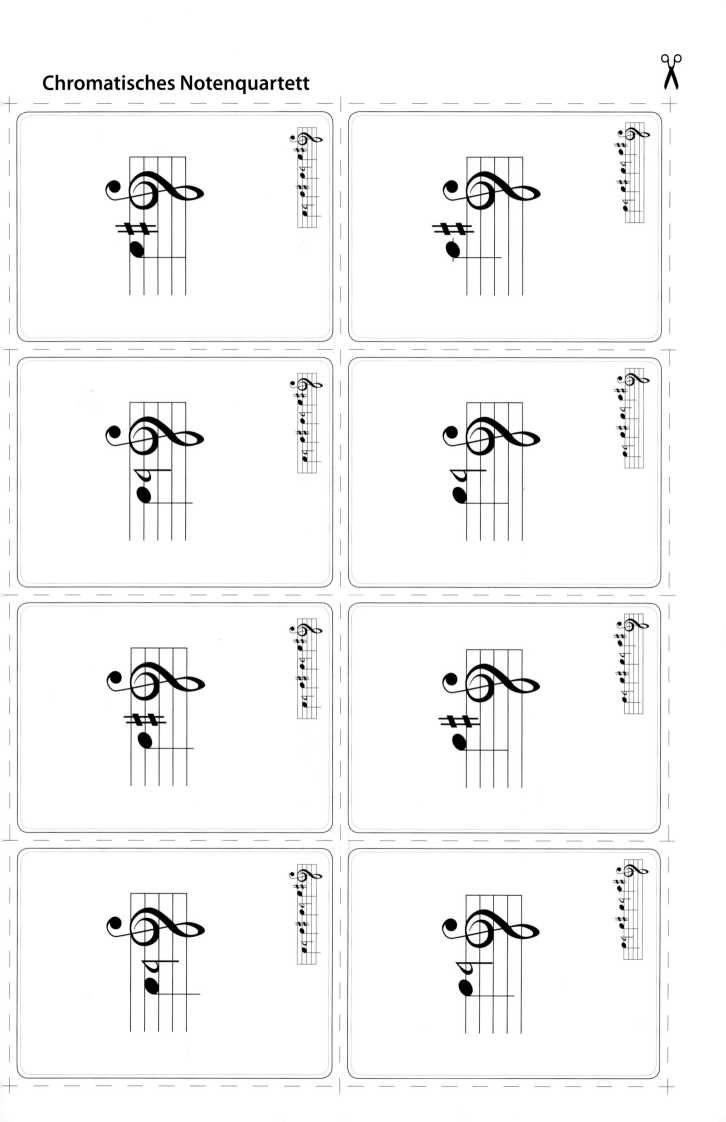

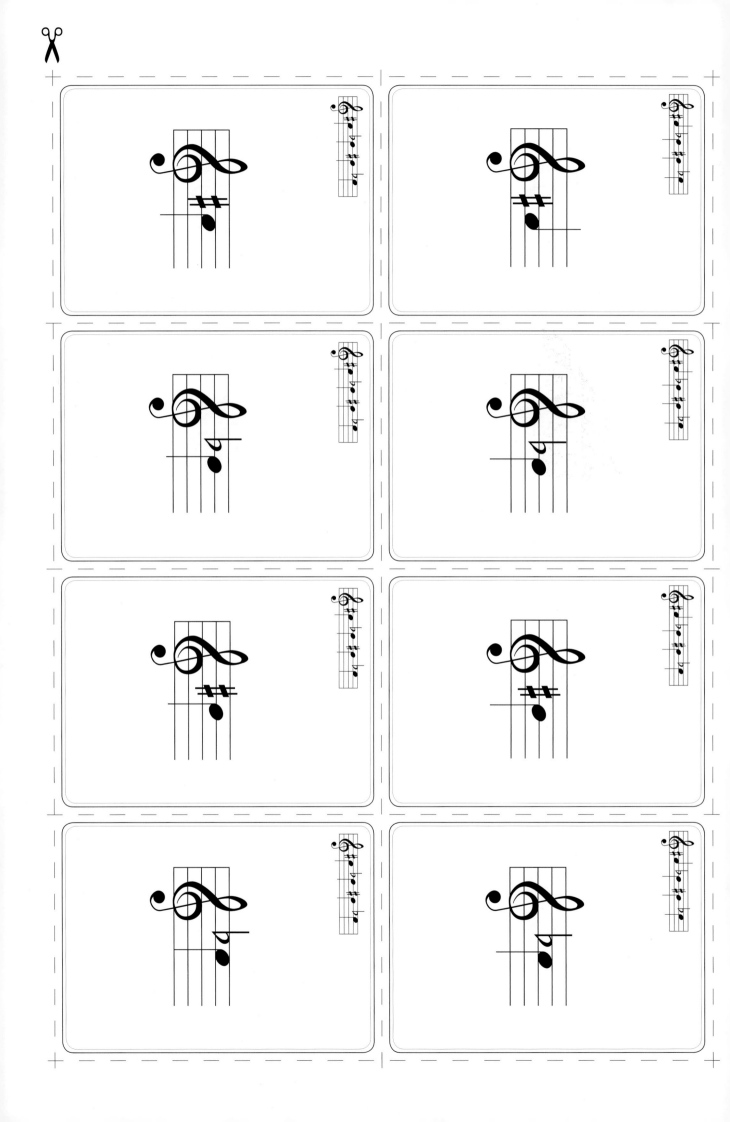

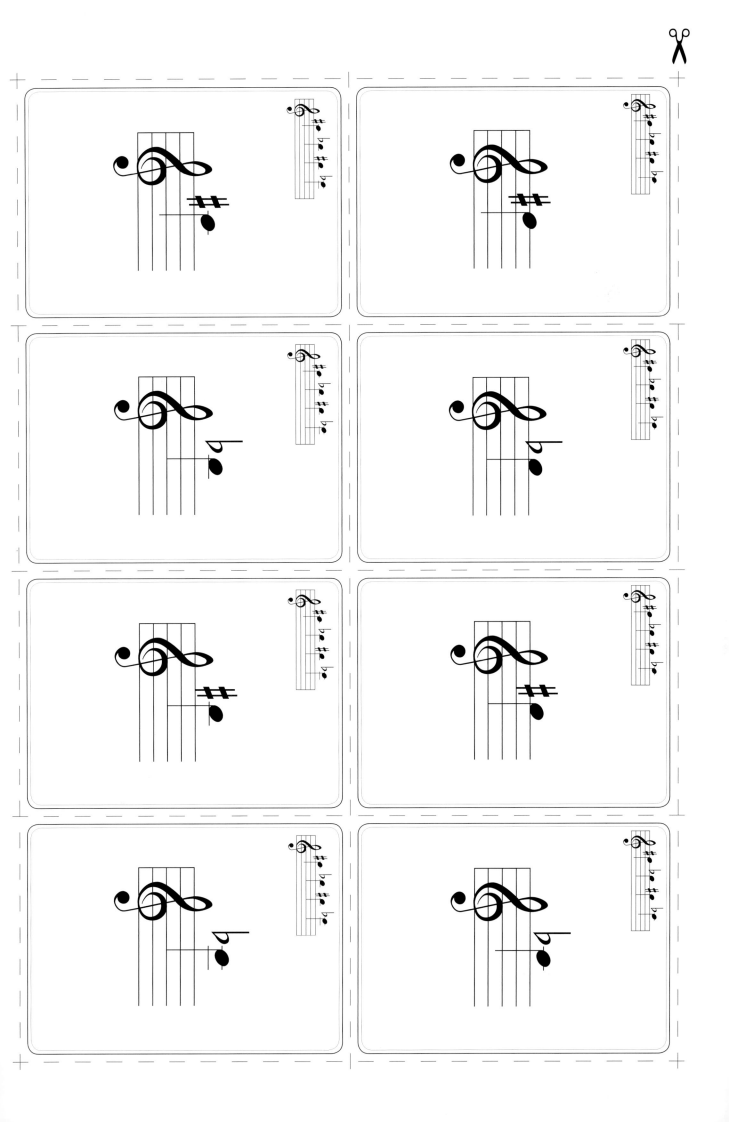

Enharmonisches Notendomino

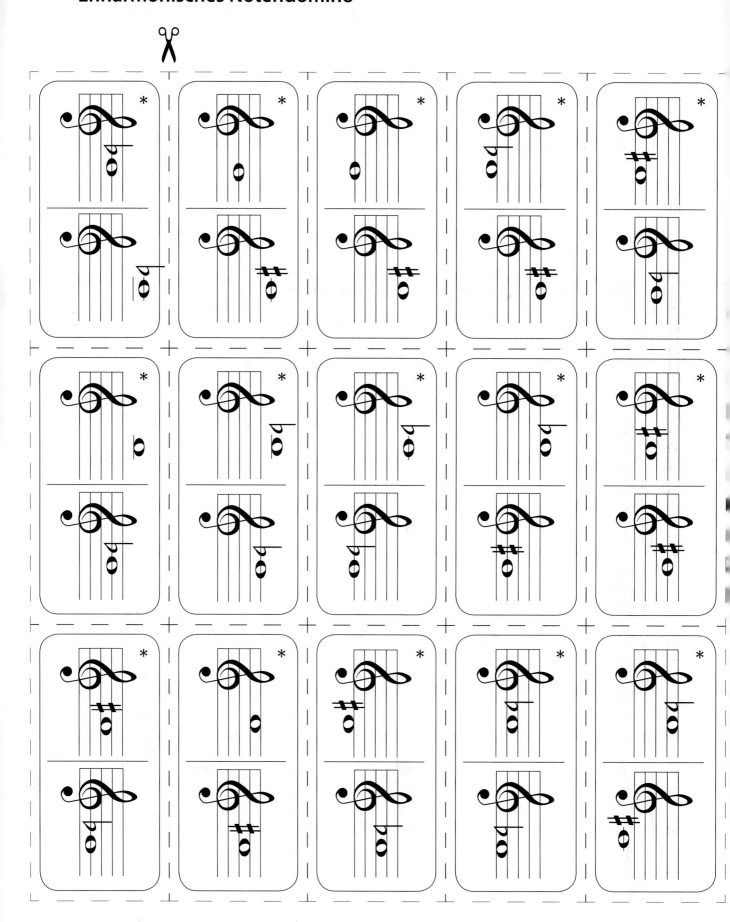

O-Rap 43

Allgemeine Bemerkungen zu den Vokalraps

Die Vokalraps sind eine logische Fortsetzung der im Schülerbuch angebotenen Lautschulung. Hinweise für die Aussprache der Vokale finden sich bei den entsprechenden Kapiteln in diesem Lehrerband und sind auch bei den Raps anzuwenden.

Das Hörbeispiel beginnt mit einer zweitaktigen Einleitung.

Playback zu *O-Rap*

C15

Volksmusik aus Südosteuropa 44

ERNTE-KOLO

Früher führte beim Erntedankfest meist der Pfarrer diesen Tanz an.

Tanzausführung zu *Ernte-Kolo*

Ernte-Kolo

DAĞLAR GİBİ DALGALARI

Playback zu *Dağlar gibi dalgaları* – Übungstempo
Playback zu *Dağlar gibi dalgaları* – Originaltempo

C17/18

Hinweise zu den Playbacks

Das Lied wird auf eine für die türkische Musik typische Weise begleitet. Dabei gibt es kein eigentliches Harmoniegerüst. Der Zusammenklang entsteht dadurch, dass die begleitenden Melodieinstrumente die Hauptmelodie spielen und diese dabei verzieren. Man nennt dies **Heterofonie**. Dabei werden auch Vierteltöne verwendet.

Typisch für die türkische Musik ist die Verwendung ungerader („hinkender") Takte. Neben dem $^7/_8$-Takt (2+2+3) wie in diesem Lied ist vor allem der $^9/_8$-Takt (2+2+2+3) verbreitet.

In den Playbacks (Hörbeispiele C17 und C18) werden typische Instrumente der türkischen Volksmusik verwendet:

- **Saz** (dt. Musikinstrument) oder **Bağlama** (dt. gebundenes Instrument): in der ganzen Türkei verbreitete Laute
- **Cura:** kleine Saz
- **Kemençe:** Fiedel, typisch für das Gebiet am Schwarzen Meer
- **Darbuka:** kelchförmige Trommel aus Ton oder Metall

45 Wir reagieren musikalisch

◆ Reifenhüpfer-Spiele

1. Klangflächen

 Reifenhüpfer-Spiele, Klangflächen   Reifenhüpfer-Spiele, Klangflächen (mit Klangbausteinen)

2. Signation-Rhythmus

 Reifenhüpfer-Spiele, Signation-Rhythmus

3. Rhythmus-Straße

Damit die vier Gruppen sicher auf den Reifenhüpfer reagieren, muss dieser ständig in einem gleichbleibenden Metrum seinen Rhythmus hüpfen.

Folgende Hilfen werden vorgeschlagen:

- Der Lehrer oder ein Schüler gibt für alle auf einem Perkussionsinstrument (Trommel, Schlagstäbe etc.) ständig das Metrum an.
- Der Reifenhüpfer beginnt schon mit einigen Schritten außerhalb der Reifen zu gehen, damit sich alle auf das „Timing" einstellen können.

Gestaltungsvorschläge

- Der Reifenhüpfer sagt den Gruppen schon vorher, in welchem Takt er seine Rhythmus-Straße bauen wird.
- Der Reifenhüpfer soll auch einige Male außerhalb der Kreise einen Rhythmus bauen, um so Pausen in seine Rhythmus-Straße einzubauen.
- Der Reifenhüpfer kann bei längeren Notenwerten zusätzlich mit Körperinstrumenten (z. B. schnipsen) sich und den Gruppen das „Timing" bewusst machen.

 Reifenhüpfer-Spiele, Rhythmus-Straße

◆ Johannes Brahms (1833–1897 / 63 J.)

Leben

Johannes Brahms wurde am 7.5.1833 im Gängeviertel der Hamburger Altstadt (das Geburtshaus wurde im 2. Weltkrieg zerstört) geboren. Sein Vater spielte mehrere Instrumente: Kontrabass, Cello, Horn, Flöte und Violine. Er verdiente seinen Lebensunterhalt für seine fünfköpfige Familie anfangs mit Spielen in Matrosenkneipen und Tanzlokalen, später fand er eine Anstellung als Kontrabassist im städtischen Orchester. Die Mutter von Johannes Brahms war um 17 Jahre älter als ihr Mann, was u. a. dazu führte, dass die anfangs sehr glückliche Ehe in Brüche ging. Johannes war das zweite Kind.

Johannes Brahms lernte Klavier und Musiktheorie bei Eduard Marxsen (königlicher Musikdirektor in Hamburg). Eine Konzertreise mit dem ungarischen Geiger Reményi, der als politischer Flüchtling nach Hamburg gekommen war, öffnete dem jungen Musiker die Tore zur Welt. Reményi machte Brahms mit dem besten Geiger der damaligen Zeit, dem Violinvirtuosen Josef Joachim, bekannt. Diese Bekanntschaft wurde eine feste Freundschaft für ein ganzes Leben. Die Begegnung mit Robert Schumann hatte zur Folge, dass dieser in der *Neuen Zeitschrift für Musik* unter dem berühmt gewordenen Titel *Neue Bahnen* einen flammenden Hinweis auf Brahms´ kompositorisches Genie für Klaviermusik brachte.

In ständig fortschreitender Entwicklung ging Brahms seinen Weg als freischaffender Künstler. Für seinen Unterhalt sorgte u. a. sein weitblickender Verleger Simrock. Nach kurzer Tätigkeit als Hofkomponist in Detmold, Dirigent der Wiener Singakademie und Chorleiter der Wiener Gesellschaft der Musikfreunde lebte Brahms nur noch von seinem künstlerischen Schaffen und einer frei konzertierenden Tätigkeit als Pianist und Dirigent. Brahms bereiste ganz Europa; die Einflüsse, die er dabei aufnahm, spiegeln sich in seiner Musik wider. Seinen ständigen Wohnsitz hatte er aber in Wien, wo er auch am 3.4.1897 im Alter von 63 Jahren starb.

Johannes Brahms war nie verheiratet. Er hatte mannigfache Beziehungen zu Freunden und Freundinnen, unter denen Clara Schumann als vertraute Hüterin intimster Herzensgeheimnisse gilt.

Werke
Brahms hat außer einer Oper für fast jede Besetzung geschrieben, u. a.:
4 Sinfonien, *Akademische Fest-Ouvertüre*, *Ungarische Tänze*, Konzert für Violine, Konzert für Violine und Violoncello, 2 Klavierkonzerte, *Ein Deutsches Requiem*, zahlreiche Werke für Kammermusik, Klaviermusik, Lieder.

Spiel-mit-Satz zu *Ungarischer Tanz* Nr. 5

Multimedialer Spiel-mit-Satz   J. Brahms, *Ungarischer Tanz* Nr. 5

C19

Johannes Brahms hat insgesamt 21 *Ungarische Tänze* für Orchester geschrieben. Es zeigte sich bei ihm eine besondere Wechselwirkung zwischen Klavier- und Orchesterkompositionen: So ging er satztechnisch meist von „seinem" Instrument, dem Klavier, aus. 1853 wurde Brahms von Robert Schumann mit der Feststellung charakterisiert, seine Klavierwerke wirkten wie „verschleierte Symphonien". So sind einige seiner Kompositionen in „gleichberechtigten" Doppelausgaben (Klavier/Orchester) überliefert.

Das gilt auch für die *Ungarischen Tänze*. Brahms legte sie in zwei Folgen (Nr. 1–10 im Jahre 1869 und Nr. 11–21 im Jahr 1880) als vierhändige Klavierstücke vor. Ihren eigentlichen Ruhm erlangten die Tänze jedoch durch die Orchesterfassung. Als Grundlage für die Komposition der *Ungarischen Tänze* diente Brahms nicht die ungarische Volksmusik (diese wurde erst zu Beginn des 20. Jahrhunderts von Bartók, Kodály u. a. erforscht), sondern die mitreißende Klangwelt der Zigeuner, die schon seit Haydn und Schubert als sogenanntes „alla ungarese" ein beliebtes koloristisches Mittel der Kunstmusik geworden war. Brahms verwendete zum größten Teil bereits existierende Zigeunerweisen, die er seit seiner Jugend gesammelt hatte und erfand einige hinzu, wobei die Tänze 1–10 mehr von zündender Melodik geprägt sind, während in den späteren Stücken eine schwermütige Atmosphäre vorherrscht.

Wie Brahms in einem Brief an seinen Verleger Simrock schrieb, sind die *Ungarischen Tänze* „echte Puszta- und Zigeunerkinder. Also nicht von mir gezeugt, sondern nur mit Milch und Brot großgezogen". Entsprechend erschienen sie auch ohne Opuszahl, mit der Formulierung „gesetzt von" statt „komponiert von" auf dem Titel.

Triole 46

▸ Findet dreisilbige/zweisilbige Wörter und sprecht sie im Rhythmus.

Hinweis
Die natürliche Wortbetonung muss berücksichtigt werden.

◆ Bolero

Maurice Ravel (1875–1937 / 62 J.) wurde in Ciboure (Pyrenäen) geboren, er hatte einen französischen Vater und eine spanische Mutter und gilt in Frankreich als musikalischer Nachfolger von Claude Debussy (1862–1918 / 56 J.). Man behauptet in Ravels Heimat, bei ihm „unaufhörlich das Echo der Musik Debussys" zu hören.

Er war auch ein Meister der „feinen" Instrumentation, was sich nicht nur in seinen eigenen Werken widerspiegelt, sondern auch in einer Instrumentierung eines fremden Werks für Orchester: *Bilder einer Ausstellung* (Originalfassung für Klavier) von Modest Mussorgski (1839–1881 / 42 J.). Ravel, der weltscheue Mann mit feingliedrigem Körper, litt seit 1933 (58 J.) an einer Gehirnerkrankung und verbrachte die letzten Lebensjahre in geistiger Umnachtung.

Hauptwerke
Orchester: *Rhapsodie espagnole, La valse*
Ballette: *Daphnis et Chloé, Ma mère l´oye, Bolero*
Kammermusik: Klaviertrio, Streichquartett, Sonaten
Klaviermusik: 2 Klavierkonzerte (eines nur für die linke Hand), zahlreiche Soloklavierstücke
Orchestrierung von *Bilder einer Ausstellung*

Der *Bolero* ist ein Orchesterstück, das in der gesamten Kunstmusik einmalig ist. Ravel fasste seinen *Bolero* als Instrumentationsstudie auf. Er verzichtete auf musikalische Verarbeitungstechniken wie Polyfonie, Harmonieentwicklung, Durchführungsteile etc. und brachte stattdessen ein sechzehntaktiges Thema (A) und ein von diesem abgeleitetes, ebenfalls sechzehntaktiges Thema (B) je neunmal in kettenartiger Aufeinanderfolge. Die Themeneinsätze sind nur durch je zwei Takte lange, rhythmusbetonte Zwischenspiele getrennt. Die enorme Wirkung erzielt der Komponist:

1. durch ständigen Wechsel der Instrumentation (Steigerung vom Anfang bis zum Ende, sowohl in der Dichte der Instrumentierung als auch in immer zunehmender Lautstärke),
2. durch die fast hypnotische Wirkung zweier durchgehender Ostinati:

a) Bolero-Rhythmus-Ostinato:

b) harmonisches Ostinato mit folgendem Bass:

Die beiden Themen A und B zeichnen sich sowohl durch eine rhythmisch interessante Gestaltung als auch durch teilweise exotisch wirkende Melodiebildung aus.

Thema A

Thema B

(Notenbeispiel)

Strukturplan der Originalversion (nicht im Schülerbuch)

Teil	Thema	Melodie	Bolero-Rhythmus mitgespielt von	harmonisches Ostinato
1	A	Flöte	—	Streicher pizzicato
2	A	B-Klarinette	Flöte	Streicher pizzicato
3	B	Fagott	Flöte	Streicher pizzicato, Harfe
4	B	Es-Klarinette	Flöte	Streicher pizzicato, Harfe
5	A	Oboe d'amour	Fagott	Streicher pizzicato (verstärkt)
6	A	Flöte, Trompete	Horn	Streicher pizzicato (alle)
7	B	Tenorsaxofon	Trompete	Streicher pizzicato, Flöten
8	B	Sopraninosaxofon und Sopransaxofon abwechselnd	Trompete	Streicher pizzicato, Flöten
9	A	1 Horn und Celesta, dazu 2 Piccolos	Flöte, 1 Horn	Streicher, Bassklarinette, Fagott
10	A	Oboen, Englischhorn, Klarinetten	1 Horn, 1 Trompete	Streicher zum Teil in Sechzehnteltriolen, Harfe, Fagotte, 2 Trompeten
11	B	Posaune	Flöte, Horn, Bratsche	Streicher, Harfe, Klarinette
12	B	Flöte, Oboe, Klarinette, Englischhorn, Tenorsaxofon	1 Trompete, 1 Horn, 1 Bratsche	Streicher, Fagott, Kontrafagott, Bassklarinette
13	A	Holzbläser und Geigen	2 Hörner	Streicher, Fagott, Kontrafagott, 2 Hörner
14	A	Holzbläser, Tenorsaxofon, 1. und 2. Geigen in Sextakkorden	2 Hörner	Streicher, Harfe, 2 Hörner, Sopransax., Bassklarinette, Fagott, Kontrafagott
15	B	Holzbläser, 1 Trompete, 1. und 2. Geigen	2 Hörner	Streicher, Klarinette, Fagott, Kontrafagott, 2 Hörner, 2 Posaunen, Tuba, Harfe
16	B	Holzbläser, Sopransaxofon, 1 Posaune, alle Streicher außer Kontrabass	4 Hörner	Kontrabass, 3 Trompeten, 2 Posaunen, Tuba, Harfe, Fagott, Kontrafagott
17	A	Flöte, 4 Trompeten, 2 Saxofone, 1. Geigen in Dreiklangsparallelen	Oboe, Klarinette, 4 Hörner, Streicher	Bassklarinette, Fagott, Kontrafagott, 3 Posaunen, Tuba, Kontrabass
18	B	wie 17	Streicher	wie 17
Coda		1 Posaune dazu	Streicher	16 Schlusstakte: große Trommel, Becken, Tamtam

M. Ravel, *Bolero* – gekürzte Fassung

Das Hörbeispiel C20 ist eine gekürzte Fassung. Folgende Teile des Originals sind neu aneinandergereiht: 1, 2, 7, 8, 13, 14, 15, 17, 18, Coda.

Strukturplan der gekürzten Fassung (im Schülerbuch)

Teil	Thema	Melodie	Bolero-Rhythmus mitgespielt von	harmonisches Ostinato
1	A	Flöte	—	Streicher pizzicato
2	A	B-Klarinette	Flöte	Streicher pizzicato
3	B	Tenorsaxofon	Trompete	Streicher pizzicato, Flöten
4	B	Sopraninosaxofon und Sopransaxofon abwechselnd	Trompete	Streicher pizzicato, Flöten
5	A	Holzbläser und Geigen	2 Hörner	Streicher, Fagott, Kontrafagott, 2 Hörner
6	A	Holzbläser, Tenorsaxofon, 1. und 2. Geigen in Sextakkorden	2 Hörner	Streicher, Harfe, 2 Hörner, Sopransax., Bassklarinette, Fagott, Kontrafagott
7	B	Holzbläser, 1 Trompete, 1. und 2. Geigen	2 Hörner	Streicher, Klarinette, Fagott, Kontrafagott, 2 Hörner, 2 Posaunen, Tuba, Harfe
8	A	Flöte, 4 Trompeten, 2 Saxofone, 1. Geigen in Dreiklangsparallelen	Oboe, Klarinette, 4 Hörner, Streicher	Bassklarinette, Fagott, Kontrafagott, 3 Posaunen, Tuba, Kontrabass
9	B	wie 8	Streicher	wie 8
Coda		1 Posaune dazu	Streicher	16 Schlusstakte: große Trommel, Becken, Tamtam

Spiel-mit-Ostinato zu *Bolero*

Da der *Bolero* im pp beginnt, ist es vorteilhaft, bei Teil 1 zuzuhören, um das Tempo übernehmen zu können. Sobald ein Schüler das Tempo wahrgenommen hat, kann er in Viertelnoten mit den Fingerspitzen leise auf den Tisch klopfen.

Ab Teil 2 können die Ausführungsvorschläge im Schülerbuch individuell eingesetzt werden.

47 Variation

AH, VOUS DIRAI-JE, MAMAN

Begleitsatz für Stabspiele zu *Ah, vous dirai-je, Maman*

Playback zu *Ah, vous dirai-je, Maman* – Begleitsatz

Multimedialer Spiel-mit-Satz

◆ Variationsspektakel

Playback zu *Ah, vous dirai-je, Maman* – verschiedene Stilrichtungen

C23

◆ Mozartvariationen

W. A. Mozart, *Zwölf Variationen über „Ah, vous dirai-je, Maman"* – Thema

C24

▸ Vergleicht die Kinderliedfassung *Ah, vous dirai-je, Maman* mit der Klavierfassung von Mozart. An welchen Stellen gibt es Unterschiede?

Lösung:

Takt	Kinderlied	Klavierfassung
1–24		Die Melodie ist eine Oktave höher.
4, 20	eine Halbe Note	zwei Viertelnoten
7, 15, 23		Triller, rhythmisch und melodisch verändert
12	eine Halbe Note (dt. Text) zwei Viertelnoten – e1, d1 (franz. Text)	zwei Viertelnoten auf d2
16	eine Halbe Note (dt. Text) zwei Viertelnoten – e1, d1 (franz. Text)	zwei Viertelnoten e2, d2

◆ *Ah, vous dirai-je, Maman* im modernen Sound

W. A. Mozart, *Zwölf Variationen über „Ah, vous dirai-je, Maman"* (The Swingle Singers)

C28–40

▸ Hört euch alle zwölf Variationen an, die in dieser Aufnahme von der weltbekannten Vokalgruppe **The Swingle Singers** virtuos interpretiert werden.

- Welche der Aussagen treffen zu?

Lösung:

Variation 1: [A] Figuralvariation in der oberen Notenzeile   [B] presto   ☐ adagio

Variation 2: [A] in der rechten Hand (oben) mehrstimmig   [B] Sechzehntelbewegung in der linken Hand (unten)   ☐ pp

Variation 3: [A] Rhythmusvariation   [B] Triolen   ☐ crescendo

Variation 4: [A] Triolen in der unteren Notenzeile   [B] obere Notenzeile mehrstimmig   ☐ accelerando

Variation 5: [A] Rhythmusvariation   ☐ ungerader Takt   [C] gezupfter Kontrabass

Variation 6: [A] obere Notenzeile mehrstimmig   ☐ Auftakt   [C] Sechzehntelbewegung

Variation 7: [A] Sechzehntelbewegung   [B] C-Dur-Tonleiter in Takt 1 und Takt 2   ☐ untere Notenzeile durchgehend einstimmig

Variation 8: [A] Charaktervariation   ☐ Dur   [C] Moll

Variation 9: [A] ohne Schlagzeug   [B] Stimmen setzen nacheinander ein   ☐ ritardando

Variation 10: ☐ ungerader Takt   [B] presto   [C] durchgehendes Becken am Schlagzeug

Variation 11: [A] adagio   ☐ ff   [C] Charaktervariation   [D] gefühlvoll

Variation 12: [A] Sechzehntelbewegung   [B] ungerader Takt   [C] presto

48 Weihnacht

THE TWELVE DAYS OF CHRISTMAS

The twelve days of Christmas (The King's Singers)

Die **King's Singers** (gegründet 1968) sind ein sechsköpfiges A-cappella-Männer-Ensemble aus Großbritannien mit folgender Besetzung: Countertenor 1, Countertenor 2, Tenor, Bariton 1, Bariton 2, Bass. Sie sind für ihren speziellen Ensembleklang und für ihre eigenwilligen Arrangements bekannt.

Die Fassung von *The twelve days of Christmas* zeichnet sich durch die Verschiedenartigkeit des Arrangements aus. Die Melodie wird von unterschiedlichen Sängern gesungen. Im vokalen Begleitsatz werden rhythmische, harmonische und satztechnisch anspruchsvolle (Kontrapunkt-)Elemente dynamisch und agogisch kunstvoll eingesetzt.

49 Ausgewählte Instrumente und Ensembles

◆ Instrumentalensembles in verschiedenen Besetzungen

Klaviertrio

F. Mendelssohn Bartholdy, Klaviertrio d-Moll, 2. Satz – Ausschnitt

Das Klaviertrio gehört neben dem Streichtrio (klassische Besetzung: Violine, Viola, Violoncello) und dem Bläsertrio (verschiedenste Formationen mit zumeist zwei Melodieinstrumenten in hoher und einem in tiefer Lage) zu den bedeutendsten Triobesetzungen. Haydn, Mozart und Beethoven schufen bereits Werke für diese Besetzung. Die fortschreitenden Verbesserungen in der Klavierbauweise im 19. Jahrhundert nutzten Komponisten vermehrt dazu, das Klavier nicht nur mehr als Begleitinstrument, sondern auch als virtuoses Instrument zu nutzen. Daraus ergab sich eine konzertante Gleichberechtigung der Instrumente. Im 20. Jahrhundert verlor das Klaviertrio an Bedeutung.

Bläserquintett

P. Hindemith, *Kleine Kammermusik für fünf Bläser* op. 24/2, 5. Satz – Ausschnitt

Wegen seiner Besetzung, die gemischt aus Holz- und Blechblasinstrumenten besteht, gehört das Bläserquintett zur sogenannten „Harmoniemusik". Vor allem in England und Frankreich wurde es am Ende des 17. und im 18. Jahrhundert für die Unterhaltungsmusik am Hof oder auch beim betuchten Bürgertum eingesetzt. Tänze oder Bearbeitungen populärer Stücke aus Musiktheaterwerken bildeten in Form von Divertimenti oder Serenaden das Standardrepertoire. Im 19. Jahrhundert entstanden kaum Werke für diese Besetzung, erst im 20. Jahrhundert erlebte das Bläserquintett wiederum eine Renaissance.

Jazztrio

Jazztrio-Medley, *Blue moon* (Stéphane-Grapelli-Trio), *I want to be happy* (Stan Getz & Oscar-Peterson-Trio), *Days of wine and roses* (Oscar-Peterson-Trio)

▶ Hört im folgenden Hörbeispiel die Instrumente der drei Jazztrios heraus und schreibt sie in euer Heft.

Lösung: *Blue moon*: Violine, E-Gitarre, Kontrabass; *I want to be happy*: Saxofon, Klavier, Kontrabass; *Days of wine and roses*: Klavier, Kontrabass, Schlagzeug

◆ Die Instrumente des Orchesters

Die Melodie von *Mein Hut, der hat drei Ecken* geht auf das neapolitanische Lied *Oh, cara mama mia* (18./19. Jahrhundert) zurück. Varianten des Lieds, das heute zumeist als Bewegungslied verwendet wird, gibt es in vielen europäischen Sprachen.

J. Strauß (Vater), Fantasie op. 126 – Ausschnitt (Neujahrskonzert)

D6

J. Strauß (Vater), Fantasie op. 126 – Ausschnitt (Neujahrskonzert)

Das Videobeispiel stammt aus dem Neujahrskonzert der Wiener Philharmoniker aus dem Jahr 2007. Dirigent war der gebürtige Inder **Zubin Mehta** (geb. 1936 in Bombay).

Musik hören und darstellen 50

Kopiervorlage   Arbeitsblatt *Clair de lune*

51 U-Rap

Playback zu *U-Rap*

D9

Das Hörbeispiel beginnt mit einer zweitaktigen Einleitung.

52 Terzen und Dreiklänge

Lernspiel Look & click – Terzen und Dreiklänge

Bei der Spiel-Variante Terzen soll jeweils ein Intervall als kleine oder große Terz erkannt werden. Jede Terz erscheint in drei Formen: notiert, auf einer Klaviatur dargestellt und als Klang. Auf Wunsch kann der Klang mit einem Klick noch einmal gehört werden.

- Level 1: ohne Vorzeichen, Zeit: 75 Sek.
- Level 2: Vorzeichen beim oberen Ton möglich, Zeit: 105 Sek.
- Level 3: Vorzeichen bei beiden Tönen möglich, Zeit: 135 Sek.

Analog sollen die Schüler bei der Spiel-Variante Dreiklänge einen gegebenen Dreiklang als Dur oder Moll erkennen. Auch dieser erscheint in den drei Formen.

- Level 1: ohne Vorzeichen, Zeit: 75 Sek.
- Level 2: mit 1 Vorzeichen, Zeit: 105 Sek.
- Level 3: mit 2 Vorzeichen, Zeit: 135 Sek.

Zusätzliche Übungen (nicht im Schülerbuch)

Kopiervorlage

Arbeitsblatt *Dreiklänge*

▶ Ergänzt zu großen Terzen (3+):

▶ Ergänzt zu kleinen Terzen (3-):

▶ Bestimmt die angegebenen Terzen (3+ oder 3-).

▶ Ergänzt die fehlenden oberen Töne.

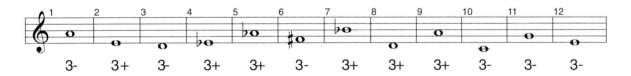

▶ Bestimmt die Dreiklänge (D = Dur, M = Moll, V = vermindert, Ü = übermäßig).

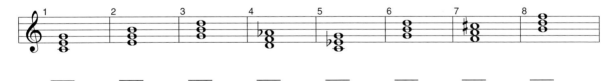

▶ Ergänzt den höchsten Ton zum vollständigen Dreiklang.

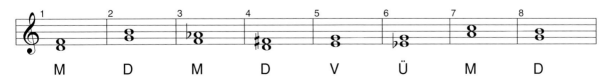

Lösungen:

▶ Ergänzt zu großen Terzen (3+):

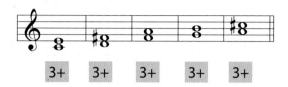

3+   3+   3+   3+   3+

▶ Ergänzt zu kleinen Terzen (3-):

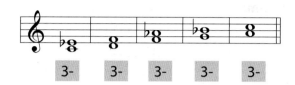

3-   3-   3-   3-   3-

▶ Bestimmt die angegebenen Terzen (3+ oder 3-).

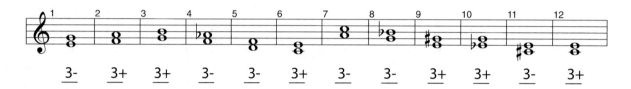

3-   3+   3+   3-   3-   3+   3-   3-   3+   3+   3-   3+

▶ Ergänzt die fehlenden oberen Töne.

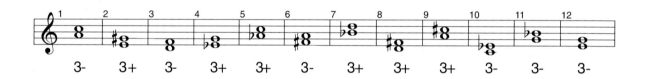

3-   3+   3-   3+   3+   3-   3+   3+   3+   3-   3-   3-

▶ Bestimmt die Dreiklänge (D = Dur, M = Moll, V = vermindert, Ü = übermäßig).

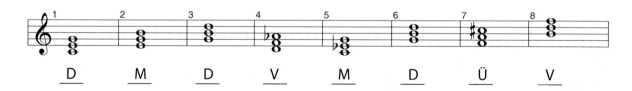

D   M   D   V   M   D   Ü   V

▶ Ergänzt den höchsten Ton zum vollständigen Dreiklang.

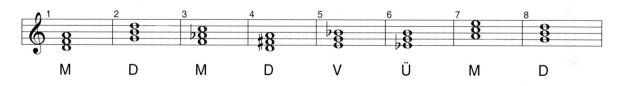

M   D   M   D   V   Ü   M   D

Lateinamerikanische Musik 53

◆ **Oye como va**

Spiel-mit-Satz zu *Oye como va*

Multimedialer Spiel-mit-Satz   *Oye como va* (Swing & Musical-Orchester Graz)

D13

Ausführungshinweise

Zeile D: Takte 1, 3, 5, 7:

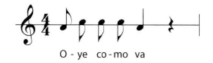

Zeile L: Takte 2, 4, 6:

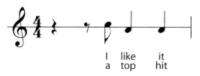

LA BAMBA

Bewegungsvorschlag zu *La Bamba*

La Bamba

Synkope 54

▶ Wohin wurden bei den Beispielen A, B die natürlichen Akzente verschoben?

Lösung:

Im Beispiel A: von Schlag 3 auf Schlag 2
Im Beispiel B: von Schlag 1 des zweiten Takts auf Schlag 4 des ersten Takts

FREUDE, SCHÖNER GÖTTERFUNKEN

L. v. Beethoven, Sinfonie Nr. 9, 4. Satz – Ausschnitt

▶ Verfolgt die Noten zum Hörbeispiel mit dem Finger.

1. Freu - de, schö - ner Göt - ter - fun - ken, Toch - ter aus E - ly - si - um,

wir be - tre - ten feu - er - trun - ken, Himm - li - sche, dein Hei - lig - tum.

Dei - ne Zau - ber bin - den wie - der, was die Mo - de streng ge - teilt; al -

- le Men - schen wer - den Brü - der, wo dein sanf - ter Flü - gel weilt.

▶ Lest beim Hören des Hörbeispiels D16 den Text mit und achtet darauf, wann ihr die Solisten bzw. den Chor hört.

Hinweis: Lösung siehe S. 92

55 Stimmlagen

◆ Playbacksingen

L. v. Beethoven, Sinfonie Nr. 9, 4. Satz – Ausschnitt

▶ Synchronisiert den Musikausschnitt (Hörbeispiel D16) für einen Film. Der Ton kommt von der CD, das Optische (Aufstellung, Mundbewegungen etc.) müsst ihr an die Musik anpassen.

Die Übersicht zu Hörbeispiel D16 (S. 91), bei der die Abfolge von Solisten und Chor dargestellt ist, soll den Schülern auf Overheadfolie sichtbar gemacht werden.

Übersicht zu Hörbeispiel D16

Kopiervorlage

Solisten: Sopran **S**, Alt **A**, Tenor **T**, Bariton **Brt**

Chor: **Ch** (Sopran **S**, Alt **A**, Tenor **T**, Bass **B**)

Rezitativ

Brt
O Freunde, nicht diese Töne! Sondern lasst uns angenehmere anstimmen und freudenvollere!

Soli und Chor

Brt	**Ch (B)**	**Brt**	**Ch (B)**
Freude,	Freude,	Freude,	Freude,

Brt
Freude, schöner Götterfunken, Tochter aus Elysium, wir betreten feuertrunken, Himmlische, dein Heiligtum!

Brt
Deine Zauber binden wieder, was die Mode streng geteilt; alle Menschen werden Brüder, wo dein sanfter Flügel weilt.

Ch (A, T, B)
Deine Zauber binden wieder, was die Mode streng geteilt; alle Menschen werden Brüder, wo dein sanfter Flügel weilt.

A, T, Brt	**S, A, T, Brt**
Wem der große Wurf gelungen, eines Freundes Freund zu sein,	wer ein holdes Weib errungen, mische seinen Jubel ein!

S, A, T, Brt
Ja, wer auch nur eine Seele sein nennt auf dem Erdenrund! Und wer's nie gekonnt, der stehle weinend sich aus diesem Bund.

Ch (S, A, T, B)
Ja, wer auch nur eine Seele sein nennt auf dem Erdenrund! Und wer's nie gekonnt, der stehle weinend sich aus diesem Bund.

Ludwig van Beethoven, 9. Sinfonie

Die 9. Sinfonie in d-Moll op. 25 mit dem Schlusschor über Schillers Ode *An die Freude* ist dem König von Preußen zugeeignet und wurde am 7. Mai 1824 (54 J.) im Kärntnertor-Theater in Wien uraufgeführt.

Bereits 1812 (42 J.) hatte Beethoven Skizzen entworfen, aus denen die 9. Sinfonie entstand. Ein Jahrzehnt später, während der Arbeit an der *Missa solemnis* trug sich Beethoven mit Gedanken an ein Sinfoniepaar, von dem die eine mit einem instrumentalen Finale, die andere – eine *Sinfonie allemande* – mit einem Vokalfinale mit deutschem Text enden sollte. Gegen Ende des Jahres 1822 (52 J.), nachdem der Großteil der *Missa solemnis* fertiggestellt war, konnte er sich ganz mit der Konzeption der 9. Sinfonie beschäftigen. Durch Vermittlung seines Freunds Ferdinand Ries, der in London lebte, erhielt Beethoven von der Londoner Philharmonischen Gesellschaft einen Kompositionsauftrag für eine Sinfonie. Der Vertrag wurde Ende 1822 unterzeichnet. Seine Gedanken konzentrierten sich vorerst wegen des Auftrags ganz auf ein instrumentales Finale. Gleichzeitig drängte sich eine noch ältere Idee in den Vordergrund: Bereits 1793 (23 J.) hatte der junge Beethoven in Schillers Ode *An die Freude* ein Thema gefunden, das ihn zur Vertonung reizte. Nach langem Ringen entschied sich Beethoven, im letzten Satz dieses Auftragswerks die musikalische Umsetzung des Schillertexts zu verwirklichen.

Die Mittel der formalen Bezwingung des fast tausendtaktigen Finales sind großartig angelegte Solo-, Chor- und Rezitativstellen. Kennzeichnend sind gewaltige melodische Bögen, dynamische Exzesse und Extravaganzen, der Einsatz der Stimmen bis in Extremlagen und kontrapunktische Künste (Doppelfuge). Im Ausdruck verwendete Beethoven neben der gewaltigen Orchestersprache auch pathetisch anmutende, leise Stellen im Sinne der Gottesverehrung. Beethoven schuf mit dem Finale seiner 9. Sinfonie erstmals in der Musikgeschichte ein Werk, das es bisher in einer solchen Form noch nicht gegeben hatte.

Mitlesepartitur zu Hörbeispiel D16

Kopiervorlage

Kopiervorlage

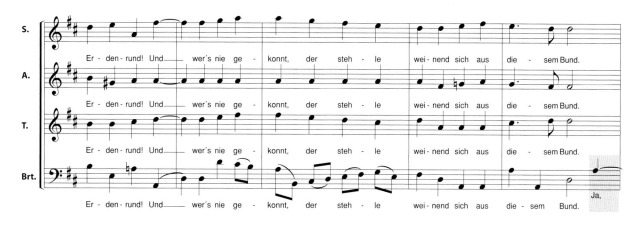

Die Texte zum Schlusssatz wurden von Beethoven frei nach Schiller ausgewählt und geordnet.
Der weitere Text lautet:

Freude trinken alle Wesen
an den Brüsten der Natur;
alle Guten, alle Bösen
folgen ihrer Rosenspur.
Küsse gab sie uns und Reben,
einen Freund, geprüft im Tod;
Wollust ward dem Wurm gegeben,
und der Cherub steht vor Gott.

Froh, wie seine Sonnen fliegen,
durch des Himmels prächt´gen Plan
laufet, Brüder, eure Bahn.
Freudig wie ein Held zum Siegen.

Ihr stürzt nieder, Millionen?
Ahnest du den Schöpfer, Welt?
Such ihn überm Sternenzelt!
Über Sternen muss er wohnen.

Seid umschlungen, Millionen!
Diesen Kuss der ganzen Welt!
Brüder, überm Sternenzelt
muss ein lieber Vater wohnen.

56 A-Rap

D17

Playback zu *A-Rap*

Das Hörbeispiel beginnt mit einer zweitaktigen Einleitung.

57 Pentatonik

LAND OF THE SILVER BIRCH

Begleitakkorde für die im Schülerbuch angegebenen Harmoniesymbole:

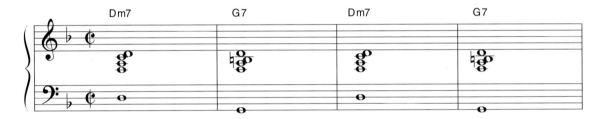

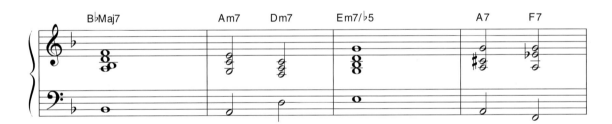

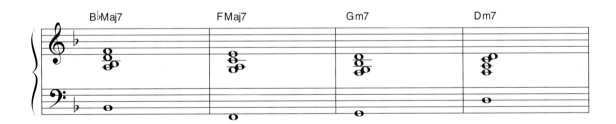

Achtung: Beim Hörbeispiel D21 (Playback zu *Land of the silver birch* – jazzig) werden nicht die obigen, sondern andere Harmoniefolgen verwendet.

Johann Sebastian Bach 58

◆ Wichtige Stationen im Leben Johann Sebastian Bachs

Eisenach 1.–10. Lebensjahr	J. S. Bach wurde am 21. März 1685 als achtes Kind in Eisenach, am Fuße der Wartburg, wo Martin Luther die Bibel ins Deutsche übersetzte, geboren. Sein Vater war zuerst Stadtpfeifer (Stadtpfeifer sind von Städten angestellte Instrumentalisten, die für die musikalische Gestaltung bei Feiern sorgen), dann Trompeter in der Hofkapelle. Johann Sebastian verlor seine Eltern schon sehr früh, die Mutter mit 9, den Vater mit 10 Jahren.
Ohrdruf 10.–15. Lebensjahr	Johann Sebastian wuchs deshalb bei seinem um 14 Jahre älteren Bruder Johann Christoph auf, der die Organistenstelle in Ohrdruf (45 km von Eisenach entfernt) innehatte. Johann Sebastian ging in die Ohrdrufer Lateinschule, die als eine bedeutende Bildungsstätte des Landes galt. Vor allem in den Fächern Griechisch, Latein, Arithmetik und sprachliche Übungen konnte er sich eine solide Bildung aneignen. Prägend war auch die protestantisch religiöse Umgebung. Musikalisch bekam er seine Ausbildung im Chor der Lateinschule und durch die Unterweisungen seines Bruders. Johann Sebastian durfte in der Michaeliskirche in Ohrdruf erstmals die Orgel spielen.
Lüneburg 16.–17. Lebensjahr	Da die Verhältnisse in Ohrdruf immer schwieriger wurden, ging er mit seinem drei Jahre älteren Mitschüler Georg Erdmann zu Fuß nach Lüneburg (ca. 370 km). In der dortigen Klosterschule St. Michael wurden nämlich mittellose Schüler aufgenommen, wenn sie über eine gute Stimme verfügten. J. S. Bach hatte Glück, wurde aufgenommen und sang im berühmten Mettenchor, der in der Michaeliskirche regelmäßig Motetten, Kantaten und Oratorien aufführte. Von Lüneburg aus fuhr er öfters nach Celle, wo er durch die dortige Hofkapelle Musik von französischen Komponisten (Jean-Baptiste Lully, François Couperin) kennenlernte. Auch nach Hamburg reiste er manchmal, um dort die bedeutenden Organisten Jan Adam Reinken und Vincent Lübeck zu besuchen und von ihnen zu lernen. Mit 17 Jahren schloss er seine Lüneburger Lehrzeit ab. Er komponierte seine ersten Orgelstücke und sein Orgelspiel war zu dieser Zeit schon so hoch entwickelt, dass er bereits in diesem Alter einige Angebote für Organistenämter bekam.
Arnstadt 18.–22. Lebensjahr	J. S. Bach bewarb sich um die Organistenstelle in der Bonifatiuskirche in Arnstadt. Da sich die Fertigstellung einer neuen Orgel in der Bonifatiuskirche hinauszögerte, verdiente er seinen Lebensunterhalt für drei Monate als Geiger in der Weimarer Hofkapelle. Nach einem Probespiel, wo er besonders durch seine Improvisationskunst überzeugen konnte, bekam er dann die Organistenstelle in Arnstadt. Er musste gegen seinen Willen in Arnstadt auch die Tätigkeiten des Kantors übernehmen, weil man diese Stelle eingespart hatte.

Aus den Jahren in Arnstadt ist weiters folgender Zwischenfall bekannt: Als Lehrer waren Bachs Fähigkeiten eher beschränkt und er beschimpfte den Schüler Johann Heinrich Geyersbach mit „Zappel-Fagottist". Dieser ließ sich das nicht gefallen, lauerte Bach auf dem Marktplatz auf, nachdem dieser aus der Kirche herauskam und bedrohte ihn mit einem hölzernen Knüppel. Bach zog seinen Degen und es kam zu einem Handgemenge, das nur mühevoll beendet werden konnte.

In die Arnstädter Zeit fällt auch eine Reise Bachs zum damals wohl bedeutendsten norddeutschen Organisten und Komponisten Dietrich Buxtehude. Der 70-jährige Buxtehude hatte die außerordentliche Begabung Bachs sofort erkannt und hätte ihn gerne als Nachfolger gesehen. Die Besetzung der Kantorenstelle in der Kirche St. Marien in Lübeck war aber an die Bedingung geknüpft, die Tochter Buxtehudes zu heiraten. Da sich die Reize dieser Person allerdings in Grenzen hielten, lehnte Bach, wie schon vor ihm Georg Friedrich Händel und Johann Mattheson, ab.

Den vierwöchigen Urlaub, den er von Arnstadt in diesem Zusammenhang bekommen hatte, überschritt er um vier Monate und hatte nach seiner Rückkehr mit dem Arnstädter Konsistorium erhebliche Schwierigkeiten, zumal er auch durch Buxtehudes Kunst angeregt, neue komplizierte Spielweisen auf der Orgel mitbrachte, die von der Kirchengemeinde abgelehnt wurde. J. S. Bach suchte die nächste Möglichkeit, sich von Arnstadt zu trennen und konnte die frei werdende Organistenstelle in Mühlhausen übernehmen. Kurz nach der Arnstädter Zeit heiratete er mit 22 Jahren seine Cousine Maria Barbara Bach.

Mühlhausen 22.–23. Lebensjahr	J. S. Bach schuf in Mühlhausen viele Orgelwerke und erstmals auch Kantaten, allerdings konnte er sich durch eine sehr konservative theologische Haltung des dortigen Superintendanten, der aufwendige Kirchenmusik als „weltliche Eitelkeit" bezeichnete und sich dagegen auflehnte, musikalisch kaum entfalten. Nachdem ihm regelmäßige Kantatenaufführungen verwehrt wurden, reichte J. S. Bach nach eineinhalb Jahren sein Entlassungsgesuch ein.
Weimar 23.–32. Lebensjahr	In Weimar unterstand er erstmalig nicht der Stadt und der Kirchenbehörde, sondern dem regierenden kunstliebenden Fürsten Herzog Wilhelm Ernst, mit dem er sich zunächst auch gut verstand. Bach war nun Hoforganist und wirkte als „Cammermusicus" auch in der Hofkapelle mit, wo er Cembalo und Geige spielte. Er musste hier monatlich eine geistliche Kantate schreiben, die in der Schlosskapelle aufgeführt wurde. Dadurch wuchs sein Kantatenschaffen und nahm eine neue Entwicklung, indem er auch außerbiblische Texte vertonte.

In dieser Zeit entstanden auch viele Werke für Orgel wie z. B. die berühmte Passacaglia für Orgel in c-Moll. Das Wohlbefinden Bachs wurde durch einen Zwist zwischen Herzog Wilhelm Ernst und seinem Neffen Prinz Ernst August, der im Land mitregieren wollte, getrübt. So verbot der Herzog den Hofmusikern im Schloss des Neffen bei einer Geldstrafe zu musizieren. J. S. Bach hielt sich nicht an dieses Verbot und fiel deshalb beim Herzog so in Ungnade, dass er bei der Nachbesetzung des Leiters der Hofkapelle nicht berücksichtigt wurde. Der Herzog bot Georg Philipp Telemann die Stelle an, der aber ablehnte. Nachdem Bach auch weiterhin nicht berücksichtigt wurde, reichte er sein Entlassungsgesuch ein, allerdings ohne Erfolg. Bach wollte aber unbedingt gehen und machte Druck, woraufhin ihn der Herzog „wegen seiner halsstarrigen Bezeugung und zu erzwingender Dimmission" fast für ein Monat ins Gefängnis steckte, ihn aber schlussendlich doch entließ.

Köthen
32.–38. Lebensjahr

Fürst Leopold I. von Anhalt-Cöthen machte Bach ein gutes Angebot und ernannte ihn zum „Hochfürstlich Anhalt-Cöthenschen Capellmeister". Nachdem im calvinistischen Herzogtum Anhalt-Cöthen aufwendige Kirchenmusik abgelehnt wurde, schrieb er jetzt vermehrt Instrumentalmusik wie die beiden Violinkonzerte, die ersten beiden Orchestersuiten sowie die Sechs Brandenburgischen Konzerte.

In diese Zeit fällt auch der Tod seiner ersten Frau Maria Barbara, mit der er sieben Kinder hatte, wobei zwei als Musiker (Wilhelm Friedemann und Carl Philipp Emmanuel) sehr berühmt wurden. Ein Jahr nach dem Tod seiner ersten Frau heiratete er Anna Magdalena Wilcken, die als Sängerin am Köthener Hof angestellt war. Seit Fürst Leopold I. 1721 die Prinzessin Henriette von Anhalt-Bernburg, die wenig Sinn für die Musik hatte. geheiratet hat, fühlte sich J. S. Bach am Köthener Hof nicht mehr wohl und war auf der Suche nach einer neuen Arbeitsstätte.

Leipzig
38.–65. Lebensjahr

Am 5. Mai 1723 bekam J. S. Bach den Vertrag als Thomaskantor in Leipzig. Er hatte für die Musik in den beiden Hauptkirchen der Stadt (St. Thomas und St. Nikolai) zu sorgen. Hier konnte er nun wieder Motetten, Kantaten und Oratorien aufführen. Nach dem Rektor und dem Konrektor nahm der Kantor den dritten Rang im Lehrkörper der Thomasschule ein. So musste Bach auch Religions- oder Lateinunterricht erteilen, was eigentlich nicht seine Sache war.

Er schuf in dieser Zeit zahlreiche Kantaten, die an Sonntagen innerhalb der Liturgiefeiern immer einen festen Aufführungsplatz hatten. Die Johannespassion (1729), die Matthäuspassion (1731) sowie das Weihnachtsoratorium (1734) sind Werke von allererster Güte. Aufgrund eines Besuchs (1747) beim Preußenkönig Friedrich II., der selbst ein ausgezeichneter Flötist und Komponist war, entstand nach einer Vorgabe eines Themas am Cembalo durch den König, welches J. S. Bach an Ort und Stelle improvisatorisch ausführen sollte, nach Rückkehr in Leipzig ein kunstvoller musikalischer Zyklus über dieses königliche Thema mit unterschiedlichen Besetzungen mit dem Titel „Musikalisches Opfer".

In den Folgejahren ließ die Schaffenskraft J. S. Bachs krankheitsbedingt nach. Zwei erfolglose Augenoperationen gaben ihm die Sehkraft nicht wieder. J. S. Bach starb am 28. Juli 1750 und wurde auf dem Johannisfriedhof beigesetzt. Nachdem das Grab lange Zeit verschollen war, konnten die Grabstätte und das Skelett erst am Ende des 19. Jahrhunderts eindeutig identifiziert werden. Heute liegen Bachs sterbliche Überreste im Chorraum der Thomaskirche unter einer schlichten Grabplatte mit Bachs Namenszug.

59 Rondo

◆ Johann Sebastian Bach: Violinkonzert in E-Dur

Formplan des Violinkonzerts in E-Dur, 3. Satz

J. S. Bach, Violinkonzert E-Dur, 3. Satz

Das Hörbeispiel beginnt mit zwei Vortakten mit Klick.

▸ Hört das Violinkonzert, zählt die Takte beim Refrain und den Couplets mit und schreibt die Taktanzahl bei den Couplet-Teilen in euer Heft.

Lösung:

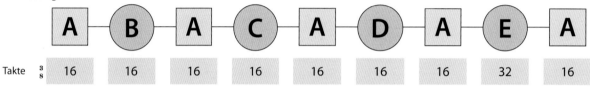

Bewegungsgestaltung zum Violinkonzert in E-Dur, 3. Satz

J. S. Bach, Violinkonzert – Bewegungsgestaltung

◆ Bogenrondo

RONDO RITMICO (nicht im Schülerbuch)

Moll 60

Zusätzliche Übungen (nicht im Schülerbuch)

Ergänzt die Tonleitern. Kopiervorlage

d-Moll

d-Moll (natürlich)

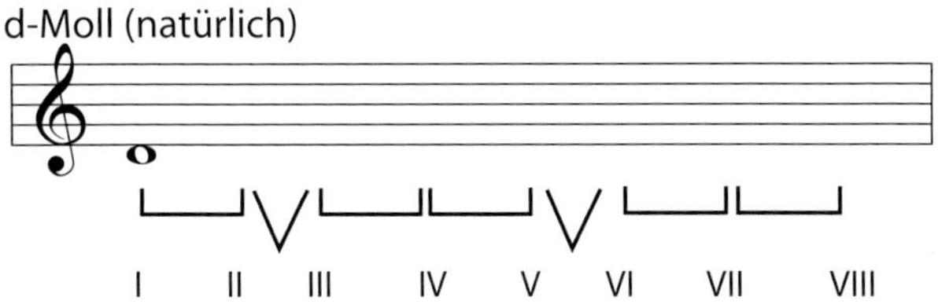

I II III IV V VI VII VIII

d-Moll (harmonisch)

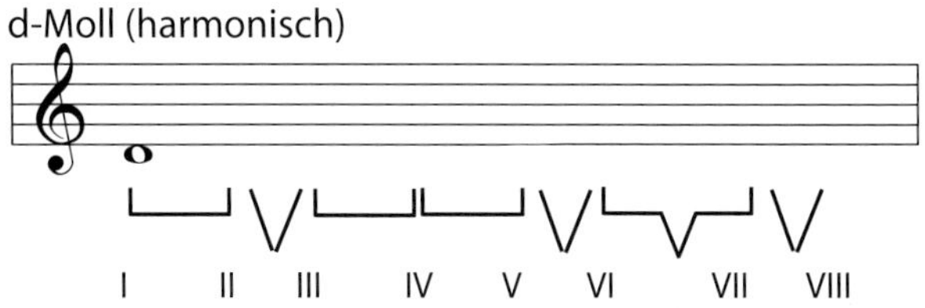

I II III IV V VI VII VIII

d-Moll (melodisch)

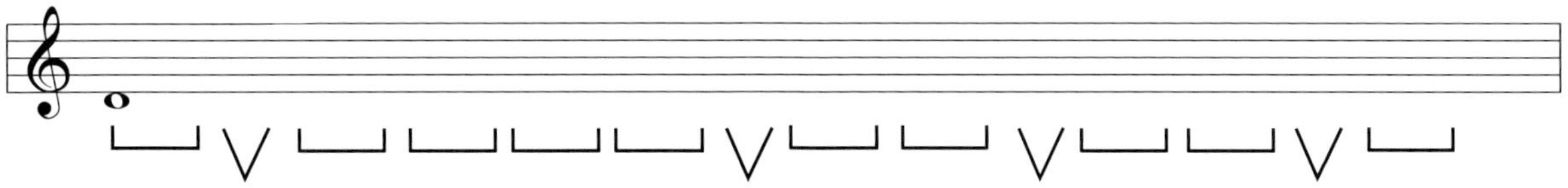

e-Moll

e-Moll (natürlich)

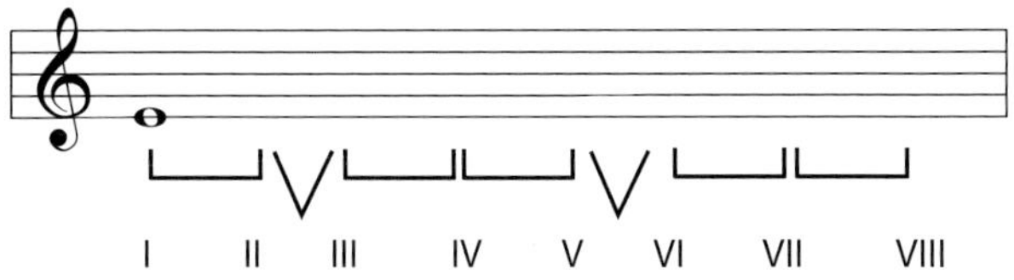

I II III IV V VI VII VIII

e-Moll (harmonisch)

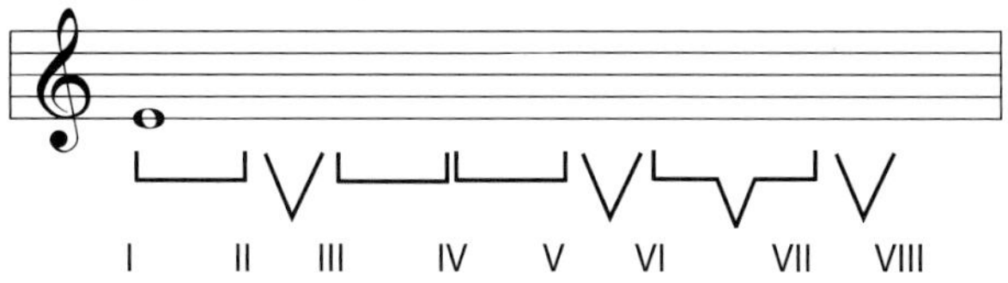

I II III IV V VI VII VIII

e-Moll (melodisch)

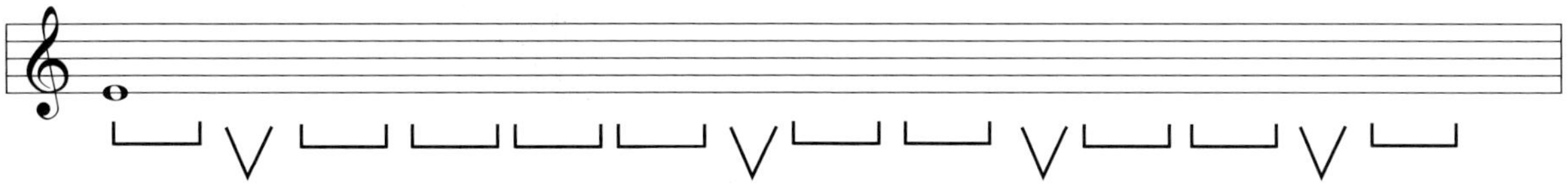

g-Moll

g-Moll (natürlich)

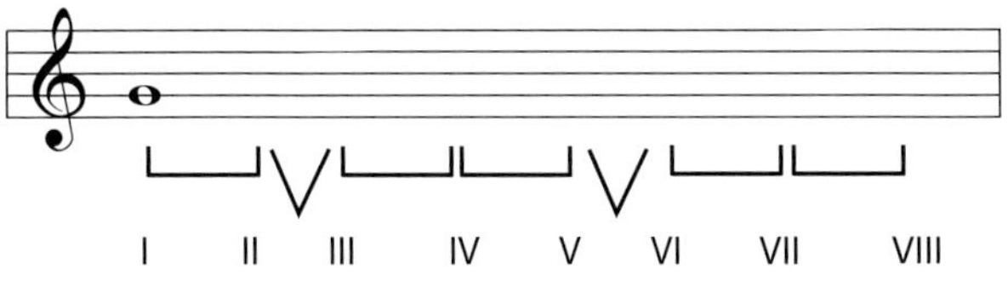

I II III IV V VI VII VIII

g-Moll (harmonisch)

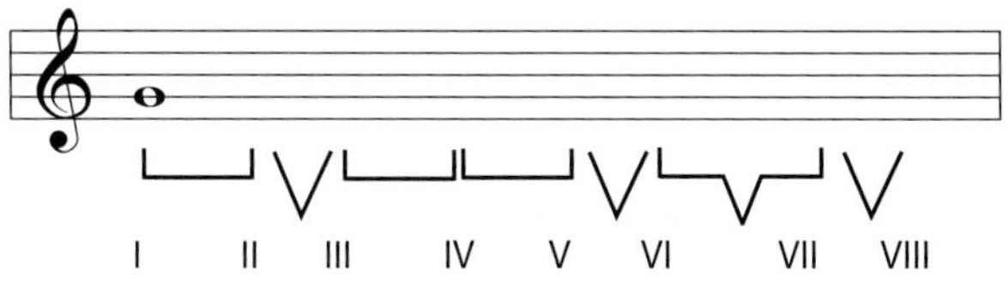

I II III IV V VI VII VIII

g-Moll (melodisch)

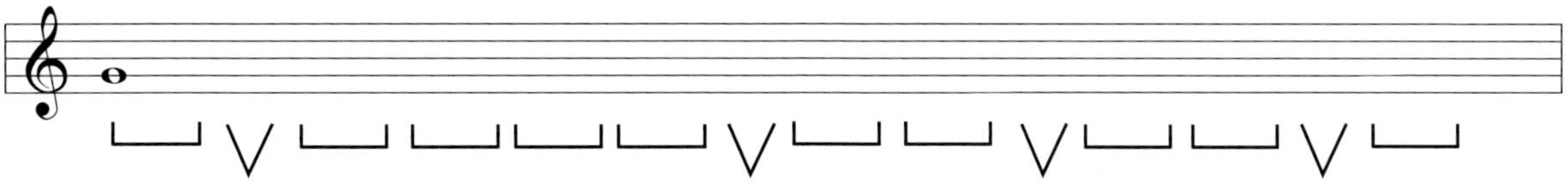

h-Moll

h-Moll (natürlich)

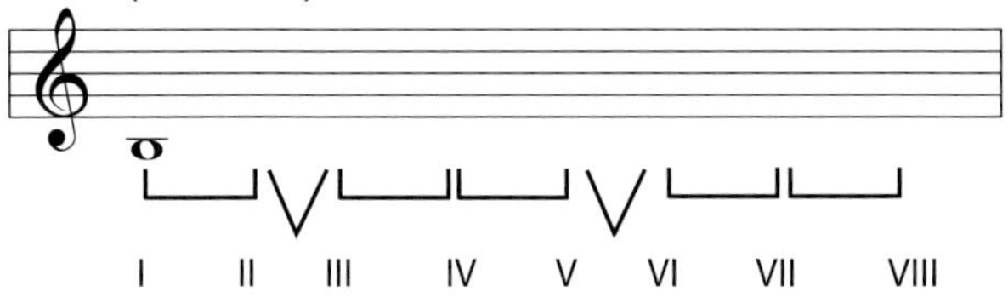

I II III IV V VI VII VIII

h-Moll (harmonisch)

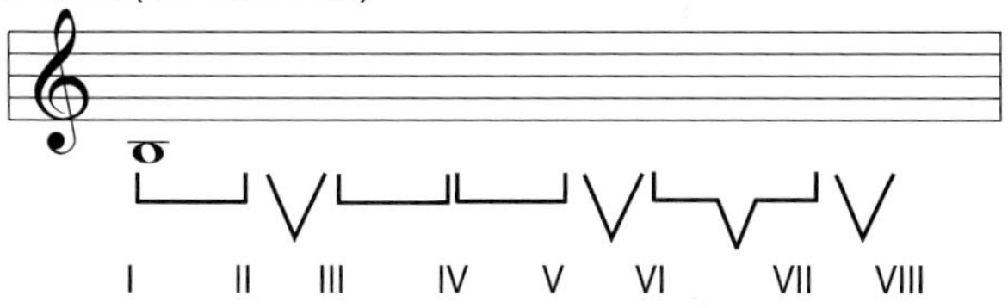

I II III IV V VI VII VIII

h-Moll (melodisch)

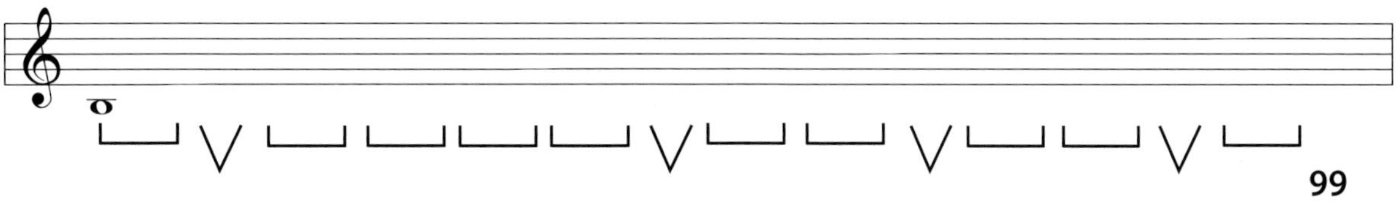

Zusätzliche Übungen (nicht im Schülerbuch)

Ergänzt die Tonleitern. Lösung:

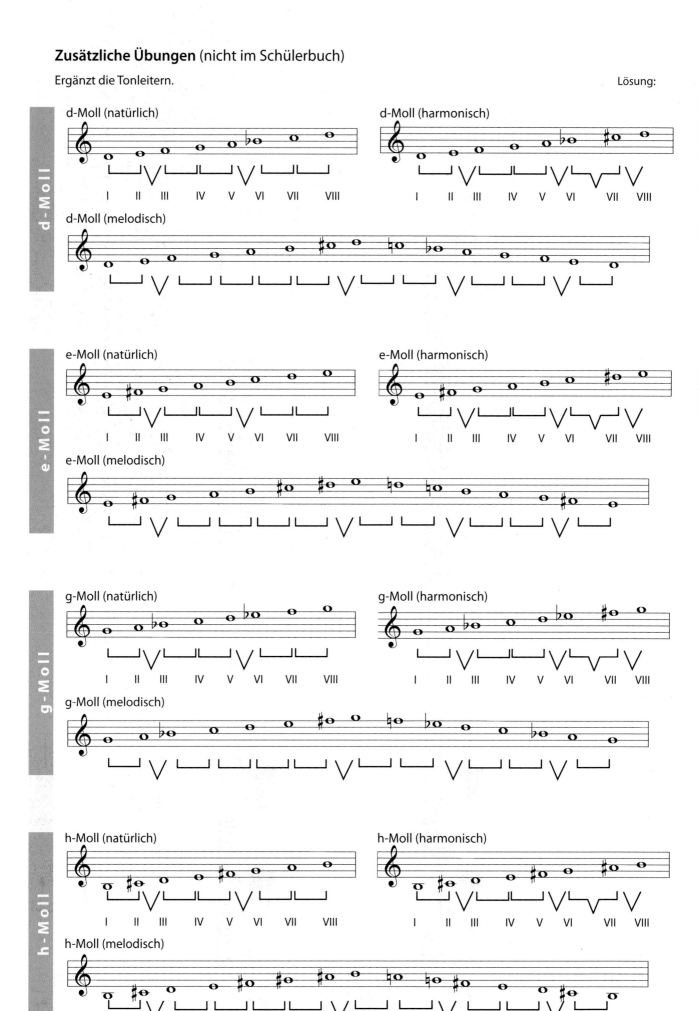

Lernspiel Look & Click – Tonleitern

Lernspiel Look & Click – Tonleitern

In diesem Spiel ist eine Tonleiter, deren Halbtonschritte markiert sind, gegeben. Gleichzeitig erklingt diese auch. Die Schüler sollen nun aus einer Auswahl den richtigen Namen finden.

Verwendete Tonleitern:
Dur: C, G, D, A, F, B, Es
Moll: a, e, h, fis, d, g, c

- Level 1: 3 Antworten
- Level 2: 4 Antworten
- Level 3: 5 Antworten

Frédéric Chopin (1810 – 1849 / 39 J.)

Leben

Frédéric Chopin wurde am 1.3.1810 in Żelazowa-Wola bei Warschau geboren. Sein Vater (1771–1844 / 73 J.) war eingewanderter Franzose und verdiente sein Geld zuerst als Erzieher im Haus der Gräfin Skarbek, dann als Französischlehrer am Gymnasium und an einer Artillerieschule. Seine Mutter hieß Tekla Justina Kryzanowska (1782–1861 / 79 J.). Bereits mit 8 Jahren spielte Chopin öffentlich Klavier und wurde als Wunderkind bestaunt. Nach Absolvierung des Gymnasiums trat er mit 17 Jahren erstmals öffentlich in Warschau auf. Mit 19 Jahren spielte er sogar schon zweimal im Opernhaus in Wien. Im Alter von 20 Jahren verließ der Klaviervirtuose seine Vaterstadt und ließ sich, unterwegs in Wien und München konzertierend, in Paris nieder, wo er schnell einen Freundeskreis fand. Chopin wurde auch in Paris bald ein gefragter Pianist, Komponist und Lehrer. Bald stellten sich Symptome eines bedenklichen Brustleidens (Tuberkulose) ein, die ihn zu einer Kur auf Mallorca veranlassten. George Sand (1804–1876 / 71 J.), die von ihm schwärmerisch verehrte Dichterin, begleitete und pflegte ihn, ließ ihn aber in den letzten Jahren seines Lebens im Stich. Mit 38 Jahren schien eine Besserung seines Leidens einzutreten und Chopin führte einen lange gehegten Wunsch aus, indem er nach London reiste und mehrere Konzerte gab. Ohne Rücksicht auf seine Gesundheit besuchte er noch Schottland und kam erschöpft nach Paris zurück. Im Herbst des folgenden Jahres starb er mit 39 Jahren. Sein Grab befindet sich auf dem Friedhof Père-Lachaise in Paris.

Werke

Chopin komponierte in erster Linie für Klavier. Er ist der Begründer eines neuen Klavierstils. Kennzeichnend für seine Werke sind eine oft geschmeidige, zarte Melodielinie, klangreiche Akkorde, kühne Modulationen, unerhörte Feinheit des rhythmischen Gefühls und hoher Schwierigkeitsgrad. Sein Stil wurde von Franz Liszt aufgenommen und weitergeführt.

Neben 2 Klavierkonzerten schrieb er eine Fülle von kleineren Werken für Klavier wie Etüden, Impromptus, Balladen, Nocturnes, Mazurken, Polonaisen, Préludes u. a.

Spiel-mit-Satz zu Chopins Prélude e-Moll, op. 28/4

Multimedialer Spiel-mit-Satz   F. Chopin, Prélude e-Moll, op. 28/4

D29

Bei diesem Spiel-mit-Satz für Klangbausteine soll den Mitspielenden die Spannung der Interpretation, die besonders durch die feinfühlige Agogik zum Ausdruck kommt, bewusst gemacht werden. Die Schüler lernen dabei die Qualität der Empfindung von langsamer, nach innen gekehrter Musik zu spüren. Um diese Intentionen auch zur Wirkung kommen zu lassen, ist ein mehrmaliges Spielen des Stücks höchst förderlich.

61 I-Rap

Playback zu *I-Rap*

D30 Das Hörbeispiel beginnt mit einer zweitaktigen Einleitung.

62 Komponistenwerkstatt

◆ **MotivitoM**

▶ Benennt die Verarbeitungsmodelle im Notenbild unten.

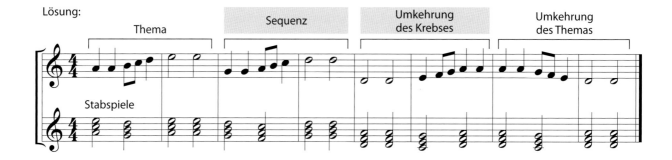

63 Musiktheater

◆ **Tanz der Vampire**

Hörbeispiele zu *Tanz der Vampire*

E1–E7 In das weite Gebiet des Musiktheaters werden die Schüler in der Unterstufe durch das Musical *Tanz der Vampire* eingeführt. Ein Einstieg in dieses Thema durch ein Musical bietet sich aufgrund der Anschaulichkeit des Themas, der eingängigen Melodien und Strukturen sowie der leichten Textverständlichkeit an. Die Schüler lernen alle wesentlichen Bestandteile des Musiktheaters kennen und nähern sich den Charakteren durch die Methode des Rollen-Standbilds. Diese Methode kann nach Belieben auch auf ein anderes Musical (oder auf eine Oper) übertragen werden, die Rollenkärtchen können nach dem gleichen Schema erstellt werden, wie in diesem Kapitel vorgestellt.

CARPE NOCTEM

Playback zu *Carpe Noctem* – Ausschnitt

Übersetzung von *Carpe Noctem*:

Tag des Zorns, Herr. Befreie mich, Herr!
Tag des Zorns, Herr. Gib Ruhe, Herr!

Sauge Blut, Ungeheuer! Das Böse musst du verfolgen.
Nutze die Nacht, Vampir! Den Tag sollst du heiligen.

Peer Gynt 64

Henrik Ibsen, Norwegens größter Dramatiker, beauftragte **Edvard Grieg** (1843–1907 / 64 J.), eine Bühnenmusik zu seinem dramatischen Gedicht *Peer Gynt* zu schreiben, das von den abenteuerlichen Irrfahrten und der Heimkehr des „nordischen Faust" handelt. Grieg erfüllte diesen Auftrag sogleich; die Kernstücke der Partitur fasste er zu zwei vierteiligen Orchestersuiten zusammen, die er 1888 bzw. 1891/92 revidierte.

Die erste Suite op. 46 beginnt mit einem impressionistisch harmonisierten, über der Basis E-Dur schwebenden Naturbild, der *Morgenstimmung*. Ein nordisches, auf gedämpften Streicherklang gestelltes Lamento ist *Aases Tod* (Aase ist die Mutter Peers), durchzogen von Chromatik, in dreifachem Anlauf sich steigernd. *Anitras Tanz* ist die Vision von einer verführerischen orientalischen Schönheit. Das Finale *In der Halle des Bergkönigs* schildert die unterirdische Welt der Trolle.

Die zweite Suite op. 55 setzt dramatisch ein. Der *Brautraub* malt in heftigen Akkorden Wut und Entsetzen der norwegischen Bauern über Peers erste Missetat, die Entführung der Ingrid. Im *Arabischen Tanz* flimmert fremdländisches Kolorit durch, ein Tribut an den Exotismus der Jahrhundertwende. *Peer Gynts Heimkehr* und die Schilderung eines Sturms werden mit Tremolo-Effekten und furiosen Chromatismen nachgezeichnet. *Solvejgs Lied*, gesungen bei der Heimkehr des nordischen Odysseus, besteht aus einer schwermütigen Melodie. (Karl Schumann)

◆ In der Halle des Bergkönigs

Die im Schülerbuch angebotene Choreografie mit Tüchern ist eine Bewegung mit Material. Materialien geben oft Anregungen, Möglichkeiten und Ideen, bestimmte Inhalte in Bewegung auszudrücken. Die Form, die Funktion, die Beweglichkeit, die charakteristischen Eigenschaften der Gegenstände lassen neue Erfahrungen zu. Man kann das Material bewegen, die Bewegung nachahmen, sich der Bewegung anpassen, die Bewegungsmöglichkeiten verfremden, sich alleine, mit Partner, in der Gruppe bewegen …

Choreografie mit Tüchern (im Schülerbuch)

E. Grieg, *In der Halle des Bergkönigs* – Choreografie mit Tüchern

Verwendet werden können Tücher in der Größe von ca. 2m x 1,50m (bunte Stofftücher, Leintücher, Decken, Badetücher etc.).

Für die auszuführende Choreografie mit großen Tüchern zu *In der Halle des Bergkönigs* werden folgende Vorübungen angeboten, die dem spielerischen Erfahren des Materials dienen sollen:
- das Tuch werfen und fangen (einzeln, paarweise, Gruppen)
- das Tuch verschieden bewegen (einzeln, paarweise, Gruppen)
- sich mit/unter/hinter/auf dem Tuch bewegen (einzeln, paarweise, Gruppen)
- Stellung erraten: Zwei Kinder verstecken sich unter einem Tuch und nehmen eine bestimmte Stellung ein, die übrigen halten währenddessen die Augen geschlossen. Nun werden die Augen geöffnet und alle sehen das Gebilde an. Paarweise versuchen jetzt alle, die vermutete Stellung einzunehmen. Haben alle Paare die vermutete Position eingenommen, wird das Tuch vom versteckten Paar genommen und verglichen, wie nahe die einzelnen Lösungen der verhüllten Stellung gekommen sind.

Aus Platzgründen werden in den üblichen Klassenräumen ca. 8 Paare die Aktionen ausführen können.

Einteilung in zwei Gruppen (Einser/Zweier)

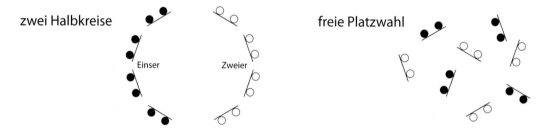

Hinweis: Teil 4 soll zuerst langsam, dann erst im Tempo geprobt werden.

Choreografie ohne Tücher (nicht im Schülerbuch)

E. Grieg, *In der Halle des Bergkönigs* – Choreografie ohne Tücher

Für den Fall, dass die Choreografie mit Tüchern nicht durchführbar ist, wird im Folgenden eine Alternative ohne Tücher angeboten.

Vorübungen
- am Boden kauern und zur Musik bewegen (wippen, zucken), ohne die Grundposition zu verändern
- wie oben, Position in den Kniestand ändern
- Bewegungen (wippen, zucken) im Kniestand, dabei aufstehen
- eine gebückte, gnomenhafte Haltung einnehmen und vorwärts laufen
- gerade stehen, den Körper in die Hockstellung fallen lassen, wieder nach oben federn und die Arme nach oben strecken
- in gebückter Haltung, re beginnend, mit 4 Schritten ganze Drehung nach re machen

Ausgangsstellung
zwei Gruppen (Einser/Zweier) in zwei Halbkreisen gegenüber, mit Blick in Tanzrichtung hintereinander auf dem Boden knien, Oberkörper ist nach vorne gebeugt, der Kopf liegt auf den Knien, die Arme liegen locker angewinkelt neben dem Kopf bzw. Oberkörper.

Choreografie ohne Tücher – Musikalischer Strukturplan

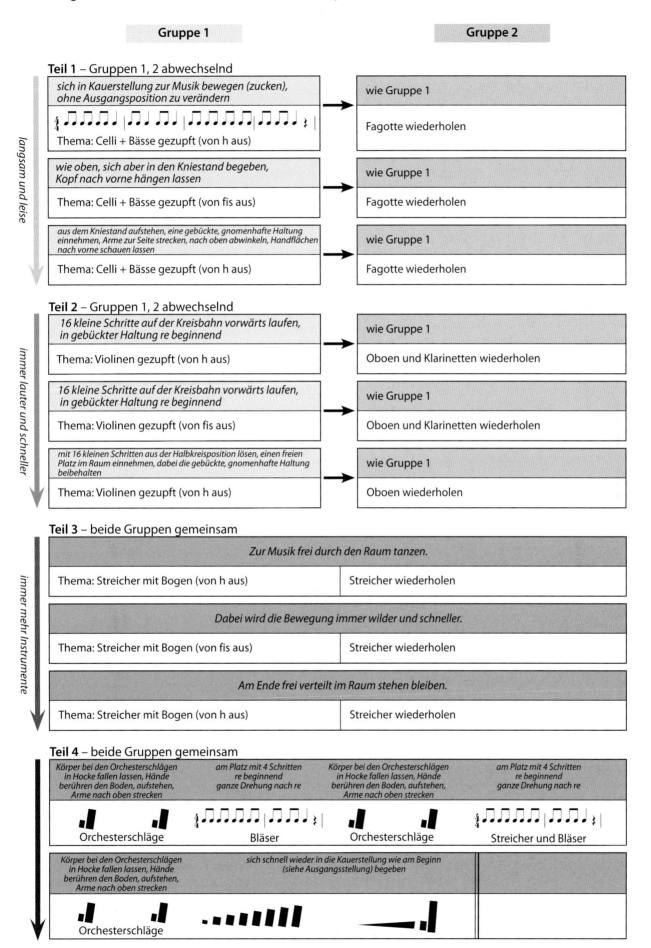

65 Lieder und ihre Texte

RAUCH IM WIND

G. Wanker, *Rauch im Wind*
Playback zu *Rauch im Wind*

E11/E12

Die Melodie wird bei der Originalfassung (Hörbeispiel E11) wie bei einem Chanson nicht notengetreu interpretiert. Wenn das Lied zum Hörbeispiel E12 (Playback zu *Rauch im Wind*) im Chor mit den Schülern gesungen wird, ist jedoch eine gemeinsame Phrasierung und Melodieführung festzulegen.

◆ Über den Text

▶ Vergleich Textkommentar 1 mit Textkommentar 2 (siehe nächste Seite).

Mögliche Antworten:

- Wo sind Unterschiede?   Textkommentar 1 sieht den Liedinhalt aus bedrückter Sicht, Textkommentar 2 schildert positive Gedanken.

- Wo sind ähnliche Gedanken?   In beiden Kommentaren steht ein Mensch im Mittelpunkt, der Gefühle ausdrückt und über sich nachdenkt.

▶ Erfindet eigene Strophen zu *Rauch im Wind*.

Die folgenden Strophen wurden von Schülerinnen verfasst:

Ich fühl´ mich wie ein altes Kleid, das keiner haben will,
und wie ein kleines Kind, zu dem ein jeder sagt: „Sei still!"   (Beatrice Stessel, Cornelia Reicher)
Ich fühl´ mich wie ein Stein, der an dem Straßenrande liegt,
fühl´ mich wie ein Blatt im Wind, das sich am Aste biegt.   (Ulli Jaklitsch, Ulli Gundel, Karin Bund)

Ich fühl´ mich wie die Ameise, die grad´ zertreten wird,
ich fühl´ mich wie ein Tier, das durch die Gitterstäbe stiert.   (Cornelia Ainödhofer, Petra Oblak)
Ich fühl´ mich wie die läst´ge Laus an irgendeinem Kopf
und fühl´ mich ach so klein, ich armer Tropf.   (Vera Musser, Jasmin El-Ashi)

◆ Liedinhalte

▶ Ergänzt das Windmühlenrad mit weiteren Themenbereichen.

z. B.:
TRAUER
RASSENPROBLEM
GEMEINSCHAFT
FREUNDSCHAFT
KRIEG

Hinweis
Dieses Kapitel kann auch im Rahmen fächerübergreifenden Unterrichts (Deutsch) behandelt werden.

Musik zu Anlässen 66

◆ Feuerwerksmusik

Die Teile der Feuerwerksmusik lauten:
Ouvertüre, Bourrée, *La Paix*: Largo alla Siciliana, *La réjouissance*: Allegro, Menuett I, Menuett II.

Anmerkung: In diesem Kapitel wurden die Menuettbezeichnungen aus didaktischen Gründen vertauscht. Das Originalmenuett I (Moll) wird in Club Musik als Menuett 2 bezeichnet. Das Originalmenuett II (Dur) wird in Club Musik als Menuett 1 bezeichnet. Es ergibt sich dadurch die Abfolge Dur – Moll – Dur. Somit entspricht die Spiel-mit-Konzeption in diesem Kapitel der üblichen Menuettfolge (Menuett – Trio – Menuett).

Spiel-mit-Satz zu Händels *Feuerwerksmusik* (⟶ Arbeitsblatt S. 108)

G. F. Händel, *Feuerwerksmusik*, Menuett 1 – Menuett 2 – Menuett 1 (ohne Wiederholung)

E30

Mögliche Lösungen:

Menuett 1

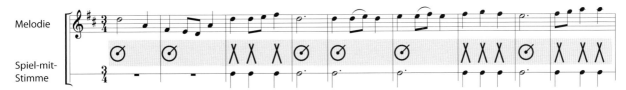

Menuett 2

Ausführungshinweise

- Im Menuett 1 werden die Trommelschläge in den Takten 1–2 nur bei der Wiederholung bzw. beim Da capo gespielt. Am Beginn sollen die zwei Takte Pause dazu dienen, sich in das Tempo der Musik einzuhören.
- Die Zeichen können in Ermangelung von genügend Instrumenten von allen auch wie folgt ausgeführt werden: ⊙ = patschen   X = leise klatschen   △ = schnipsen

107

Arbeitsblatt *Menuett 1 und 2*   Kopiervorlage

Spiel-mit-Satz zu Händels *Feuerwerksmusik*

G. F. Händel, *Feuerwerksmusik*, Menuett 1 – Menuett 2 – Menuett 1 (ohne Wiederholung)

▶ Schreibt für beide Menuette eine eigene Spiel-mit-Stimme für Rhythmusinstrumente. Im Menuett 1 ist der Rhythmus vorgegeben, den ihr mit verschiedenen Instrumenten ausführen könnt. Verwendet dabei folgende Zeichen:

⊘ = Trommel (klatschen)

X = Claves (mit dem Bleistift auf den Tisch klopfen)

⟨X⟩ = Triangel (mit einem Löffel seitlich leicht auf ein Glas schlagen oder schnippen)

Im Menuett 2 könnt ihr auch den Rhythmus selber wählen. Bestimmt vorher, mit welchen Instrumenten ihr den gefundenen Rhythmus spielt.

Menuett 1

Menuett 2

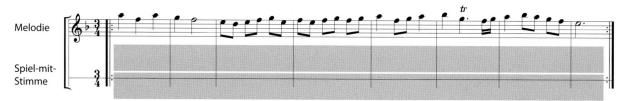

Menuett 1 D.C. al Fine (senza rep.)

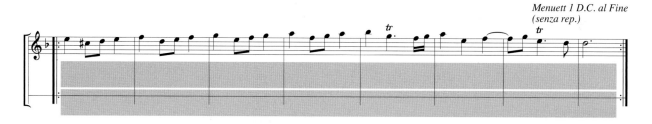

108

Feuerwerksmusik

Man hatte sich bei den Feierlichkeiten anlässlich des Friedens von Aachen 1748 für ein brillantes Feuerwerk entschieden. Händel war auserkoren worden, Musik für ein großes Freiluftkonzert zu komponieren, mit dem das Feuerwerk eingeleitet werden sollte. Händel wollte für seine *Feuerwerksmusik* ein volles Orchester mit Bläsern und Streichern einsetzen. Über die Art und Weise der Durchführung des Spektakels gab es erhebliche Unstimmigkeiten. Der König wollte in dieser Phase sogar überhaupt auf die Musik verzichten, und wenn schon, dann Musik ohne Geigen.

Händels Partitur zur *Feuerwerksmusik* verlangte 24 Oboen, 12 Fagotte, 1 Kontrafagott, 9 Trompeten, 9 Hörner und drei Paar Pauken. Bei späteren Aufführungen unter seiner Leitung hat Händel jedoch immer auch die Streicher eingesetzt. Beim Feuerwerk anlässlich der Feierlichkeiten gab es auch einen Zwischenfall: Ein Pavillon ging in Flammen auf.

◆ Georg Friedrich Händel (1685 Halle–1759 London / 74 J.)

Leben

Georg Friedrich Händel wurde am 23.2.1685 in Halle geboren. Er war ein Kind aus der zweiten Ehe seines Vaters. Der 61-jährige Vater Georg Händel hatte die um 29 Jahre jüngere Dorothea Taust geheiratet und hatte mit ihr vier Kinder. Georg Friedrich war das zweite Kind aus dieser Ehe. Das erste Kind starb bei der Geburt, die beiden jüngeren Geschwister waren Mädchen, Johanna Christiana wurde 23 Jahre, Dorothea Sophia heiratete einen Juristen, hatte drei Nachkommen und wurde 31 Jahre alt.

G. F. Händel begann auf Wunsch seines Vaters mit dem Jurastudium, war jedoch gleichzeitig Organist an der Schlosskirche in Halle und fiel dort schon als Komponist von Kirchenkantaten auf. Mit 18 Jahren ging er als Geiger an die Hamburger Oper, um bald als Cembalist, Kapellmeister und Komponist hervorzutreten. Mit 21 Jahren reiste er nach Italien und hatte dort entscheidende künstlerische Berührungen mit den Komponisten Arcangelo Corelli und Alessandro Scarlatti. Mit 26 Jahren wurde er für fünf Jahre Hofkapellmeister in Hannover. Von hier aus reiste er urlaubenderweise nach England und schrieb in dieser Zeit auch seine erste Oper *Rinaldo*. 1714 wurde der Kurfürst von Hannover als Georg I. König von England. Händel ging als sein Hofkapellmeister nach London mit. Dort hatte er mit dem Aufbau eines Operngeschehens Schwierigkeiten. Die Bemühungen endeten in seinem wirtschaftlichen und gesundheitlichen Ruin. Er erlitt mit 52 Jahren einen Schlaganfall, von dem er sich in Aachen jedoch erholen konnte. Ab 55 Jahren schrieb er jährlich ein bis zwei Oratorien. Mit 66 Jahren erblindete er, trotzdem gab er Orgelkonzerte. Das letzte Mal trat er in der Öffentlichkeit am 6.4.1759 bei der Aufführung seines *Messias* im Covent-Garden-Theatre auf. Acht Tage später starb Händel und wurde als englischer Staatsbürger in der Westminster-Abbey in London im Sektor der Schriftsteller beigesetzt.

Werke

über 40 Opern, über 30 Oratorien, zwei Passionen, zwei Te-Deum-Kompositionen, Kantaten, Instrumentalwerke, u. a. 12 Solosonaten, 13 Triosonaten, Concerti grossi, *Wassermusik*, *Feuerwerksmusik*, 20 Orgelkonzerte, Klavier- und Orgelwerke

Hörquiz

G. F. Händel, *Feuerwerksmusik*, Menuett 1 – Hörquiz

Beim Hörquiz sollen sich die Schüler an der Partitur orientieren und mitlesen (Schülerbuch S. 171 oder auf Overheadfolie kopiert).

▶ Ordnet jedem Hörbeispiel das richtige Instrument zu und schreibt die Lösungen in euer Heft.

Lösung:

Hörbeispiel E31	Trompete 2
Hörbeispiel E32	Horn 3
Hörbeispiel E33	Viola
Hörbeispiel E34	Trompete 1

Hörbeispiel E35	Fagott
Hörbeispiel E36	Oboe 2
Hörbeispiel E37	Violine 1

67 E-Rap

Playback zu *E-Rap*

E38

Das Hörbeispiel beginnt mit einer zweitaktigen Einleitung.

68 Musik aus Afrika

BAGA GINÉ – DIE BAGA-FRAU

Hinweis zum rhythmischen Begleitpattern

Um eine authentische Interpretation zu erreichen, soll der Rhythmus, der sich aus den Instrumenten Kenkeni (K-hoch), Sangpan (S-mittel) und Dununba (D-tief) zusammensetzt (siehe Notat rechts), deutlich hörbar gemacht werden.

◆ **Pata Pata**

M. Makeba, *Pata Pata*

E40

Pata Pata war bei den Schwarzen in Johannesburg ein beliebter Tanz. Miriam Makeba veröffentlichte ihre Version von *Pata Pata* im Jahr 1967.

Tanzausführung zu *Pata Pata*

Pata Pata

69 Musik aus Nordamerika

◆ **Country Music**

The New York City Ramblers, *You better get right little darlin´*

E41

▶ Schreibt in euer Heft, welche Angaben für das Hörbeispiel zutreffen.

Lösung:

B	Wechsel Strophe–Refrain
C	mehrstimmiger Gesang
E	Solo für Fiddle

◆ **Square Dance**

Tanzausführung zu Square Dance

Square Dance

Musik aus unserer Zeit 70

Kopiervorlage Arbeitsblatt *Komposition*

◆ Grafische Notation

▶ Schlüpft in die Rolle eines Komponisten und entwerft selbstständig eine grafische Partitur.
- Verwendet die Notationsformen von S. 183 oder erfindet neue grafische Zeichen.
- Eure Komposition soll ca. 40 Sekunden dauern. Gebt ihr einen Namen.
- Setzt die Stimme (Geräusche, Sinnlossilben, verschlüsselte Sätze etc.) verschiedenartig ein.

Eurer Fantasie sind keine Grenzen gesetzt. Erläutert die Partitur euren Mitschülern und spielt sie gemeinsam.

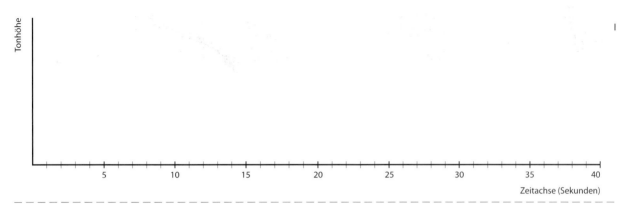

Lösungen von Schülerinnen:

Bsp. 1
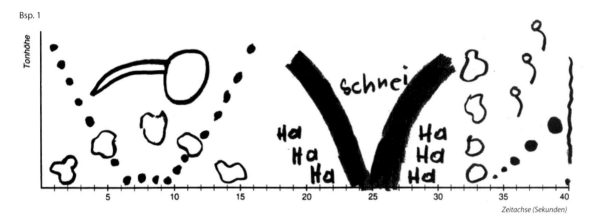

Bsp. 2
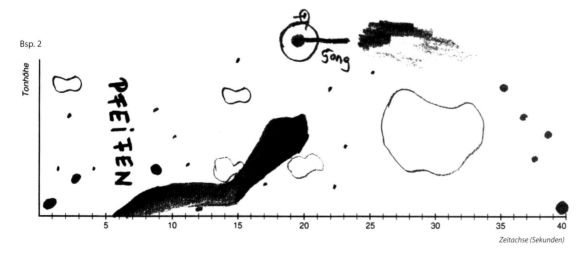

111

◆ Instrumentalkomposition – Exchange

Richard Dünser, der Komponist dieses Stücks, wurde am 1.5.1959 in Bregenz geboren. Er studierte an der Hochschule für Musik und darstellende Kunst in Wien Komposition und das Lehramt für Musikerziehung und Instrumentalmusikerziehung. Von 1985–1987 (26–28 J.) betrieb er Kompositionsstudien bei Hans Werner Henze an der Staatlichen Hochschule für Musik in Köln. Seit 1991 (32 J.) ist er ordentlicher Universitätsprofessor für Musiktheorie an der Universität für Musik und darstellende Kunst Graz.

Werkauswahl
Caravallium – für Blechbläserquintett
Doch atmet kalt mein Abend schon – vier ernste Gesänge für Mezzosopran und Orchester
Elegie an Diotima – 1. Streichquartett
Nacht-Tryptichon – für Klavier und Kammerorchester
Personae – Vier Stücke für Saxofonquartett
Sinfonietta concertante – für Klarinette und Streichorchester
The Host of the air – für Horn solo
Violinkonzert
Der Graf von Gleichen (Fertigstellung der gleichnamigen Schubert-Oper)
Radek – Kammeroper in einem Prolog, 12 Szenen und einem Epilog
Doppelkonzert für Violine, Klavier und Kammerorchester

Richard Dünser: Zu meiner Musik
Meine Musik stellt oft die dunklen Seiten des Lebens dar, die Nachtseiten, Schattenbilder ...
Ebenso sehr will sie aber auch in einer grandiosen Vorwegnahme utopische Erfüllung aussingen, um sich mit den Menschen auf den Weg zu machen zu sich selber, dabei vielleicht etwas schaffend, das allen in die Kindheit scheint, und worin noch niemand war: Heimat.

Richard Dünser zu *Exchange*
Grundidee dieses Stücks ist es, eine Anregung zu einer „kontrollierten" Improvisation zu geben (dieser Begriff als bewusste Anlehnung an die „kontrollierte Aleatorik" Witold Lutosławskis). Bei Lutosławski wird die „Kontrolle" allerdings in einem engeren Sinn ausgeübt, bedingt durch den dort stärker betonten „Werk-Charakter" im Gegensatz zum mehr „Aktionistischen" und „Prozesshaften" bei *Exchange*. Hier sollte ein lustvolles Improvisieren im Vordergrund stehen, wobei das Ergebnis aber über eine rein aus dem „Augenblicks-Erlebnis" erwachsende Aktion wesentlich hinausgehend intendiert war: Klare formale Gestaltung, Architektur, „logische" Gliederung dramaturgische Anlage der Teile, Farbgebung als formstrukturierendes Element, Variabilität und Kontrast bei Dichte und Textur bilden als Ganzes den Versuch, ein Denken in „prozesshaften Entwicklungen" als (besonders im 20. Jahrhundert, aber nicht nur hier) gleichwertige Strukturgrundlage eines musikalischen Kunstwerks zu etablieren. In der Notation wird auf Ergebnisse der grafischen Notation der Neuen Musik Bezug genommen.

 R. Dünser, *Exchange*   Multimediale Hörpartitur

E49

Die 16 Einsätze von *Exchange* (Hörbeispiel E49) auf einer Zeitachse (Sekundeneinteilung)

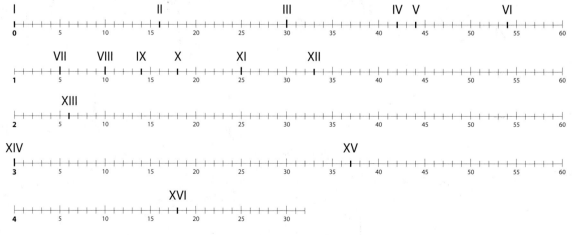

Anhang

◆ **Verzeichnis der Hörbeispiele**

Audio-CD A Hörbeispiel	Titel	Dauer
A1	**Playback zu** *Hallo, wer bist du?*	3:31
	Form: ‖: Teil B – Teil A :‖ (12x)	
A2	**Playback zu** *Old Mac Donald*	2:17
	Form: ‖: 4 T. Einl./Zwsp. – Lied :‖ (5x)	
A3	**Playback zu** *Moved notes*	2:07
	Form: 4 T. Einl. – *Moved notes*	
A4	**Playback zu** *Instrumenten-Erkennungsspiel*	3:34
	Reihenfolge der Instrumente: Handtrommel, Cowbell, Xylofon, Glockenspiel, Claves, Triangel, Cymbeln, Cowbell, Maracas, Becken, Tamburin, Schüttelrohr, Holzblocktrommel, Becken, Handtrommel, Xylofon, Maracas, Becken	
A5	**Playback zu** *Hey, hey*	1:57
	Form: 4 T. Einl. – Teil A – ‖: Teil B – Teil A :‖ (3x)	
A6–23	**Klänge und Geräusche**	4:47
	A6 Gitarre	0:13
	A7 Trommel	0:15
	A8 zerbrechendes Glas	0:08
	A9 Orgel	0:14
	A10 Zähneputzen	0:18
	A11 Rockband	0:15
	A12 Violine	0:04
	A13 Hubschrauber	0:08
	A14 Vögel	0:16
	A15 Orchester	0:07
	A16 Lachen	0:13
	A17 Streichholz anzünden	0:12
	A18 Eisenbahn	0:22
	A19 Blockflöte	0:17
	A20 Limonade einschenken	0:19
	A21 Frauenstimme	0:33
	A22 Korkenziehen	0:08
	A23 Motorrad	0:10
A24	**E. Satie,** *Piccadilly-Marsch*	1:20
A25	**W. A. Mozart, 1. Menuett in G-Dur**	1:53
A26–29	**W. A. Mozart, 1. Menuett in G-Dur – Notenzeilen 1–4**	1:05
A30	**W. A. Mozart, Sinfonie Nr. 1, 3. Satz**	2:26
A31	**W. A. Mozart, Sonate in C-Dur, KV 545, 1. Satz – Beginn**	1:03
A32	***O-Training***	1:01
A33	**Playback zu** *O-Reim*	0:35
	Form: 2 T. Einl. – *O-Reim*	
A34	**Playback zu** *I like to eat/drink*	2:12
	Form: 4 T. Einl. – ‖: Lied :‖ (9x)	
A35	**L. v. Beethoven,** *Für Elise*	2:51
A36	**L. v. Beethoven, Sinfonie Nr. 8, 1. Satz – Ausschnitt**	2:24
A37	**G. Wanker,** *Scale song*	1:41
	Form: 8 T. Einl. – ‖: *Scale song* :‖ (3x)	
A38	**A. Bruckner, Sinfonie Nr. 7, 4. Satz – Beginn**	0:39
A39	**A. Dvořák,** *Slawischer Tanz* op. 46, Nr. 8	3:59
A40	**Playback zu** *Gar finster ist's im tiefen Wald*	1:36
	Form: ‖: 4 T. Einl./Zwsp. – Lied :‖ – 4 T. Nachsp.	

A41–46	Hörbeispiele für Lautstärke						1:42
	A41	p	0:12	A44	pp	0:15	
	A42	mf	0:15	A45	ff	0:15	
	A43	f	0:18	A46	p	0:12	

A47	**Playback zu** *Fröhlich ist die Weihnachtszeit*	1:10
	Form: ‖: 4 T. Einl./Zwsp. – Lied :‖ (4x)	
A48	**F. Schubert,** *Deutscher Tanz* **op. 33/3**	0:47
A49	**Warm-up**	1:24
A50	**Fools Garden,** *Lemon Tree*	3:11
A51	**Th. Wanker,** *Go on rhythm 1*	1:56
	Form: 2 T. Einl. – ‖: *Go on rhythm 1* :‖ (3x)	
A52	*Go on rhythm 2*	2:03
	Form: ‖: 14 zweitaktige Abschnitte :‖	
A53	**Playback zu** *Blumenmenü*	2:21
	Form: 2 T. Einl. – ‖: Teil A – Überl. – Teil B :‖ (4x) – Teil A	
A54	*U-Training*	1:06
A55	**Playback zu** *U-Reim*	0:39
	Form: 2 T. Einl. – *U-Reim*	
A56	**R. M. Schafer,** *Wenn Wörter klingen*	1:40
A57	**J. Cage,** *Aria* **– Ausschnitt**	1:00
A58	**W. A. Mozart,** *Eine kleine Nachtmusik***, 1. Satz – Beginn (4x)**	1:22
A59	**Playback zu** *Je je je*	1:53
	Form: 4 T. Einl. – Lied ‖: 2 T. Zwsp. – Lied :‖ (3x)	
A60	**Playback zu** *Intervall-Song*	1:07
	Form: 2 T. Einl. – ‖: Lied :‖	
A61	**Playback zu** *Intervall-Zeile*	1:53
A62	**Playback zu** *Lied vom Müll*	1:31
	Form: ‖: 4 T. Einl./Zwsp. – Lied :‖ (4x)	
A63	**Playback zu** *Oh, Susanna*	2:46
	Form: 8 T. Einl. – ‖: Lied – 8 T. Zwsp./Nachsp. :‖ (6x)	

Audio-CD B

Hörbeispiel	Titel	Dauer
B1	**Playback zu** *Rock my soul*	2:30
	Form: 8 T. Einl. – ‖: Lied :‖ (3x)	
B2	**J. S. Bach,** *Musette* **(ohne Wiederholungen)**	0:40
B3	**J. S. Bach,** *Musette* **(mit Wiederholungen)**	1:06
B4	**Playback zu** *Zauberlied*	2:08
	Form: ‖: 8 T. Einl./Zwsp. – Lied :‖ (3x)	
B5	*A-Training*	0:56
B6	**Playback zu** *A-Reim*	0:35
	Form: 2 T. Einl. – A-Reim	
B7	**J. Haydn,** *Kaiserquartett***, 2. Satz – Thema**	1:29
B8	**J. Haydn,** *Abschiedssinfonie***, 4. Satz – Schluss**	2:13
B9	**J. Haydn,** *Die Schöpfung* **– Es werde Licht**	1:31
B10	**J. Haydn, Sinfonie Nr. 94, 2. Satz – Thema**	1:04
B11	**J. Haydn, Sinfonie Nr. 94, 2. Satz – 1. Variation**	0:34
B12	**J. Haydn, Sinfonie Nr. 94, 2. Satz – 2. Variation**	0:33
B13	**G. Hoffnung, Parodistische Fassung von: J. Haydn, Sinfonie Nr. 94, 2. Satz – Ausschnitt**	3:32
B14–19	**C. Saint-Saëns,** *Karneval der Tiere*	9:13
	B14 *Königlicher Marsch des Löwen*	1:50
	B15 *Das Aquarium*	2:14
	B16 *Persönlichkeiten mit langen Ohren*	0:39
	B17 *Die Pianisten*	1:09
	B18 *Fossilien*	1:14
	B19 *Finale*	1:51
B20	**Playback zu** *Schulblues*	1:42
	Form: ‖: 4 1/2 T. Einl./Zwsp. – Lied :‖ (3x)	

B21	**Playback zu** *Alunelul*	2:01
	Form: 2 T. Einl. – ‖: Alunelul :‖ (4x)	
B22	**Th. Morley,** *Sing we and chant it*	1:19
B23	**M. Mussorgsky,** *Bilder einer Ausstellung,*	
	Die Hütte auf Hühnerfüßen – **Beginn**	1:08
B24	**W. A. Mozart,** *Die Zauberflöte,* **Arie der Königin der Nacht**	2:48
B25	*Faschingstoas-Polka*	2:34
B26	**Queen,** *We will rock you*	2:03
B27	**L. Armstrong/All Stars,** *Oh, when the saints*	4:36
B28	*I-Training*	1:06
B29	**Playback zu** *I-Reim*	0:38
	Form: 2 T. Einl. – *I-Reim*	
B30	**Playback zu** *Beethoven-Song*	2:29
	Form: 4 T. Einl. – ‖: Lied :‖	
B31	**L. v. Beethoven, Sinfonie Nr. 5, 1. Satz – Beginn**	0:22
B32	**Playback zu** *Dreiklangskanon*	1:38
	Form: 2 T. Einl. – ‖: Kanon :‖ (4x)	
B33	**Playback zu** *Kookaburra*	1:37
	Form: ‖: 8 T. Einl./Zwsp. – 2x Lied :‖ + 4 Takte Nachsp.	
B34	**L. v. Beethoven,** *Mondscheinsonate,* **1. Satz – Beginn**	0:29
B35	**W. A. Mozart, Sinfonie Nr. 40, g-Moll, 2. Satz – Beginn**	0:24
B36	**G. F. Händel,** *Feuerwerksmusik,* **4. Satz – Beginn**	0:32
B37	**L. v. Beethoven,** *Mondscheinsonate,* **3. Satz – Beginn**	0:33
B38	**Accelerando und Ritardando**	2:58
B39	**A. Vivaldi,** *Winter,* **2. Satz – Beginn (Nadja Salerno-Sonnenberg)**	0:53
B40	**A. Vivaldi,** *Winter,* **2. Satz – Beginn (Alice Harnoncourt)**	0:33
B41	**A. Vivaldi,** *Winter,* **2. Satz – Beginn (Anne-Sophie Mutter)**	1:12
B42	**Playback zu** *Tancuj – Tanz nur*	1:44
	Form: ‖: 8 T. Einl./Zwsp. – Lied :‖ (3x)	
B43	*E-Training*	0:50
B44	**Playback zu** *E-Reim*	0:33
	Form: 2 T. Einl. – *E-Reim*	
B45–50	**Toneigenschaften – Zuordnungsbeispiele**	1:48
	B45 tief, lang, leise, dunkel (3x)	0:24
	B46 hoch, kurz, laut, hell (3x)	0:06
	B47 tief, kurz, laut, dunkel (3x)	0:06
	B48 hoch, lang, leise, hell (3x)	0:22
	B49 hoch, kurz, leise, dunkel (3x)	0:06
	B50 tief, lang, laut, dunkel (3x)	0:24
B51	**Trompete**	0:10
B52	**Querflöte**	0:17
B53	**Klarinette**	0:28
B54	**Violine**	0:28
B55	**Gitarre**	0:26
B56	**Playback zu** *Un poquito cantas*	1:32
	Form: ‖: 4 T. Einl./Zwsp. – Lied :‖ (4x) – 4 T. Nachsp.	

Audio-CD C

Hörbeispiel	**Titel**	**Dauer**
C1	**Playback zu** *Mit Musik geht alles besser*	3:17
	Form: ‖: 4 T. Einl./Zwsp. – Lied :‖ (5x) – 4 T. Nachsp.	
C2	**Playback zu** *Mattscheiben-Milli*	2:50
	Form: ‖: 4 T. Einl./Zwsp. – Lied :‖ (4x) – 2 T. Nachsp.	
C3	**M.-A. Charpentier,** *Te Deum,* **Prélude**	1:52
C4	*Eurovision,* **Fassung für Big Band (Jazzorchester)**	3:39
C5	**Playback zu** *Wake up*	1:20
	Form: 2 T. Einl. – ‖: Kanon :‖ (5x)	
C6	**I. Strawinsky,** *Le Sacre du Printemps,* **Geheimnisvoller Reiger der jungen**	
	Mädchen – Beginn (3x)	1:23
C7	**J. G. Piefke,** *Preußens Gloria* **– Militärmarsch**	2:10

C8	G. Verdi, *Triumphmarsch* – Ausschnitt	0:52
C9	F. Mendelssohn Bartholdy, *Hochzeitsmarsch* – Ausschnitt	0:55
C10	L. v. Beethoven, Sinfonie Nr. 3 *(Eroica)*, *Trauermarsch* – Ausschnitt	1:11
C11	Traditional-Marsch, *Bourbon street parade* (The All Star Marching Band) – Ausschnitt	3:48
C12	*Marsch-Collage*	2:46
C13	**Playback zu** *Peanuts* Form: 4 T. Einl. – ‖: Teil A – Teil B :‖ (3x) – Teil A	1:39
C14	**Playback zu** *Sharp and flat* Form: 2 T. Einl. – ‖: Sharp and flat :‖ (4x)	2:22
C15	**Playback zu** *O-Rap* Form: 2 T. Einl. – O-Rap	0:49
C16	**Playback zu** *Ernte-Kolo* Form: 4 T. Einl. – ‖: Ernte-Kolo :‖ (11x)	2:04
C17	**Playback zu** *Dağlar gibi dalgaları* – Übungstempo	1:35
C18	**Playback zu** *Dağlar gibi dalgaları* – Originaltempo Form: 8 T. Einl. – ‖: Lied :‖ – 8 T. Zwsp. – Lied	1:19
C19	J. Brahms, *Ungarischer Tanz* Nr. 5	2:35
C20	M. Ravel, *Bolero* – gekürzte Fassung	7:37
C21	**Playback zu** *Sing together* Form: 2 T. Einl. – ‖: Kanon :‖ (4x)	1:04
C22	**Playback zu** *Ah, vous dirai-je, Maman* – Begleitsatz Form: 4 T. Einl. – A – B – A	0:35
C23	**Playback zu** *Ah, vous dirai-je, Maman* – verschiedene Stilrichtungen Form: ‖: A – B – A :‖ (14x)	6:27
C24–27	W. A. Mozart, Zwölf Variationen über „*Ah, vous dirai-je, Maman*"	3:43
	C24 Thema	0:52
	C25 1. Variation	0:55
	C26 5. Variation	0:53
	C27 8. Variation	0:54
C28–40	W. A. Mozart, Zwölf Variationen über „*Ah, vous dirai-je, Maman*" (The Swingle Singers)	5:45
	C28 Thema	0:20
	C29 1. Variation	0:18
	C30 2. Variation	0:19
	C31 3. Variation	0:18
	C32 4. Variation	0:19
	C33 5. Variation	0:17
	C34 6. Variation	0:17
	C35 7. Variation	0:18
	C36 8. Variation	0:21
	C37 9. Variation	0:21
	C38 10. Variation	0:20
	C39 11. Variation	1:20
	C40 12. Variation	0:50

Audio-CD D

Hörbeispiel	Titel	Dauer
D1	**Playback zu** *The twelve days of Christmas* Form: 2 T. Einl. – Lied	3:48
D2	*The twelve days of Christmas* (The King's Singers)	3:36
D3	F. Mendelssohn Bartholdy, *Klaviertrio d-Moll*, 2. Satz – Ausschnitt	1:42
D4	P. Hindemith, *Kleine Kammermusik für fünf Bläser* op. 24/2, 5. Satz – Ausschnitt	0:54
D5	Jazztrio-Medley, *Blue moon* (Stéphane-Grappelli-Trio), *I want to be happy* (Stan Getz & Oscar-Peterson-Trio), *Days of wine and roses* (Oscar-Peterson-Trio)	
D6	J. Strauß (Vater), *Fantasie* op. 126 – Ausschnitt (Neujahrskonzert)	5:36
D7	C. Debussy, *Suite bergamasque*, 3. Satz, *Clair de lune*	4:13
D8	H. Faltermeyer, *Axel F*	3:01
D9	**Playback zu** *U-Rap* Form: 2 T. Einl. – U-Rap	0:45

D10	**Playback zu** *Dreiklangsmelodie*	2:10
	Form: 4 T. Einl. – ‖: Lied :‖ (5x)	
D11	**Playback zu** *Improvisation mit Dreiklang und Tonleiter*	2:40
	Form: 4 T. Einl. – ‖: Improvisation :‖ (30x)	
D12	*Oye como va* **(Carlos Santana)**	4:16
D13	*Oye como va* **(Swing & Musical-Orchester Graz)**	3:17
D14	**Playback zu** *La Bamba*	2:32
	Form: 4 T. Einl. – ‖: Lied :‖ (3x)	
D15	*La Bamba* **(Ritchie Valens)**	2:04
D16	**L. v. Beethoven, Sinfonie Nr. 9, 4. Satz – Ausschnitt**	2:18
D17	**Playback zu** *A-Rap*	0:34
	Form: 2 T. Einl. – *A-Rap*	
D18	*Midnight Crescent* **– Ausschnitt**	1:03
D19	**Playback zu** *Wan Shia*	1:12
	Form: 2 T. Einl. – A – B – A	
D20	**Playback zu** *Land of the silver birch* **– pentatonisch**	1:50
	Form: 2 T. Einl. – ‖: Lied :‖ (3x)	
D21	**Playback zu** *Land of the silver birch* **– jazzig**	2:03
	Form: 8 T. Einl. – ‖: Lied :‖ (3x)	
D22	**J. S. Bach, Passacaglia in c-Moll – Beginn**	2:38
D23	**J. S. Bach, Invention Nr. 1**	1:13
D24	**J. S. Bach, Invention Nr. 1 – gekürzt**	1:28
D25	**J. S. Bach,** *Brandenburgisches Konzert* **Nr. 4, 2. Satz – Ausschnitt**	1:16
D26	**J. S. Bach, Violinkonzert E-Dur, 3. Satz – Refrain (2x)**	0:35
D27	**J. S. Bach, Violinkonzert E-Dur, 3. Satz**	2:40
	Form: 2 Vortakte mit Klick – 3. Satz	
D28	**Playback zu** *Lady and Mister Cool*	2:12
	Form: 4 T. Einl. – ‖: Lied :‖	
D29	**F. Chopin, Prélude e-Moll, op. 28/4**	2:26
D30	**Playback zu** *I-Rap*	0:48
	Form: 2 T. Einl. – *I-Rap*	

Audio-CD E

Hörbeispiel	Titel	Dauer
E1	**Tanz der Vampire,** *Knoblauch* **– Ausschnitt**	2:09
E2	**Tanz der Vampire,** *Einladung zum Ball* **– Ausschnitt**	2:29
E3	**Tanz der Vampire,** *Tot zu sein ist komisch* **– Ausschnitt**	1:49
E4	**Tanz der Vampire,** *Vor dem Schloss* **– Finale erster Akt – Ausschnitt**	1:36
E5	**Tanz der Vampire,** *In der Gruft* **– Ausschnitt**	2:01
E6	**Tanz der Vampire,** *Für Sarah* **– Ausschnitt**	1:19
E7	**Tanz der Vampire,** *Tanzsaal* **– Ausschnitt**	2:34
E8	**Playback zu** *Carpe noctem* **– Ausschnitt**	1:48
E9	**E. Grieg,** *Morgenstimmung* **– Beginn**	1:17
E10	**E. Grieg,** *In der Halle des Bergkönigs*	2:02
E11	**G. Wanker,** *Rauch im Wind*	3:40
E12	**Playback zu** *Rauch im Wind*	3:40
	Form: 5 T. Intro ‖: 4 T. Einl./Zwsp. – Lied :‖ (3x)	
E13–27	**G. F. Händel, Feuerwerksmusik, Menuett 1 – Einzelstimmen**	7:03
E13	Trompete 1	0:26
E14	Horn 1	0:26
E15	Trompete 2	0:26
E16	Horn 2	0:26
E17	Trompete 3	0:26
E18	Horn 3	0:26
E19	Pauken	0:26
E20	Oboe 1	0:26
E21	Violine 1	0:26
E22	Oboe 2	0:26
E23	Violine 2	0:26
E24	Viola	0:26

	E25	Fagott	0:26
	E26	Violoncello	0:26
	E27	Kontrabass	0:26
E28		**G. F. Händel, *Feuerwerksmusik*, Menuett 1**	**1:22**
E29		**G. F. Händel, *Feuerwerksmusik*, Menuett 2**	**0:57**
E30		**G. F. Händel, *Feuerwerksmusik*, Menuett 1 – Menuett 2 – Menuett 1 (ohne Wiederholung)**	**2:17**
E31–37		**G. F. Händel, *Feuerwerksmusik* – Hörquiz**	**3:16**
	E31	Trompete 2	0:26
	E32	Horn 3	0:26
	E33	Viola	0:26
	E34	Trompete 1	0:26
	E35	Fagott	0:26
	E36	Oboe 2	0:26
	E37	Violine 1	0:26
E38		**Playback zu *E-Rap*** Form: 2 T. Einl. – *E-Rap*	**0:40**
E39		**Playback zu *Baga Giné*** Form: 4 T. Einl. – ‖: Lied :‖ (4x)	**1:46**
E40		**M. Makeba, *Pata Pata***	**2:58**
E41		**The New York City Ramblers, *You better get right little darlin'***	**1:59**
E42		**J. Denver, *Take me home, country roads***	**3:08**
E43		**Playback zu *Yankee Doodle*** Form: ‖: 4 T. Einl./Zwsp. – Lied :‖ (7x) – 4 T. Nachsp.	**2:39**
E44		**Playback zu *O Mary, o Martha*** Form: 4 T. Einl. – Lied	**1:54**
E45		**Punktklänge**	**0:09**
E46		**Schichtklänge (Cluster)**	**0:05**
E47		**Bewegungsklänge**	**0:04**
E48		**A. Schaufler, *Insekten***	**2:21**
E49		**R. Dünser, *Exchange***	**4:32**
E50		**Playback zu *Suzie and Johnny*** Form: 4 T. Einl. – ‖: Lied :‖	**1:58**

◆ Multimedia-Verzeichnis

Video-DVD   Schülerbuch Seite

Für Schüler
- 43   Warm-up, *Vortänzer*
- 54   J. Cage, *Aria* – Ausschnitt
- 73   J. Haydn, *Abschiedssinfonie*, 4. Satz – Schluss
- 129 J. Strauß (Vater), *Fantasie op. 126* – Ausschnitt (Neujahrskonzert)
- 142 L. v. Beethoven, Sinfonie Nr. 9, 4. Satz – Ausschnitt

Für Lehrende
- 9   *Moved notes*
- 15   Orientierungslauf für alle
- 15   Jemanden musikalisch durch den Raum führen
- 24   *Metrum-Kanon*
- 40   *Deutscher Tanz*
- 65   *Oh, Susanna*
- 76   C. Saint-Saëns, *Karneval der Tiere, Königlicher Marsch des Löwen*
- 77   C. Saint-Saëns, *Karneval der Tiere, Das Aquarium*
- 77   C. Saint-Saëns, *Karneval der Tiere, Persönlichkeiten mit langen Ohren*
- 78   C. Saint-Saëns, *Karneval der Tiere, Die Pianisten*
- 78   C. Saint-Saëns, *Karneval der Tiere, Fossilien*
- 79   C. Saint-Saëns, *Karneval der Tiere, Finale*
- 96   *Un poquito cantas*
- 98   *Mit Musik geht alles besser* – Gehfassung
- 98   *Mit Musik geht alles besser* – Sitzfassung
- 108 *Marsch-Performance*
- 114 *Ernte-Kolo*

	116	Reifenhüpfer-Spiele, Klangflächen
	116	Reifenhüpfer-Spiele, Klangflächen (mit Klangbausteinen)
	116	Reifenhüpfer-Spiele, Signation-Rhythmus
	116	Reifenhüpfer-Spiele, Rhythmus-Straße
	139	*La Bamba*
	153	J. S. Bach, Violinkonzert – Bewegungsgestaltung
	165	E. Grieg, *In der Halle des Bergkönigs* – Choreografie mit Tüchern
	165	E. Grieg, *In der Halle des Bergkönigs* – Choreografie ohne Tücher
	177	*Pata Pata*
	180	Square Dance

CD-ROM   Schülerbuch Seite

Musikquiz   (Das Musikquiz bezieht sich auf die Quizboxen am Ende jedes Kapitels und ist deshalb keiner bestimmten Seitenzahl zugeordnet.)

Lernspiele

	10	Notenwerte- und Pausen-Memory
	31	Notennamen-Memory
	48	Rhythmus-Baukasten
	60	Intervall-Memory
	62	Look & click – Notennamen mit Versetzungszeichen
	104	Look & click – Taktarten
	111	Fang die Note
	133	Look & click – Terzen und Dreiklänge
	155	Look & click – Tonleitern

Multimediale Spiel-mit-Sätze

	8	*Old Mac Donald*
	17	E. Satie, *Piccadilly-Marsch*
	20	W. A. Mozart, Sinfonie Nr. 1, 3. Satz
	22	W. A. Mozart, Sonate in C-Dur, KV 545, 1. Satz – Beginn
	29	L. v. Beethoven, *Für Elise*
	33	*Scale song*
	74	J. Haydn, Sinfonie Nr. 94, 2. Satz – Thema
	101	M.-A. Charpentier, *Te Deum*, Prélude
	102	*Eurovision*, Fassung für Big Band (Jazzorchester)
	110	*Peanuts*
	112	*Sharp and flat*
	117	J. Brahms, *Ungarischer Tanz* Nr. 5
	120	*Ah, vous dirai-je, Maman* – Begleitsatz
	137	*Oye como va* (Swing & Musical-Orchester Graz)
	157	F. Chopin, Prélude e-Moll, op. 28/4

Multimediale Hörpartituren

	35	A. Bruckner, Sinfonie Nr. 7, 4. Satz – Beginn
	55	W. A. Mozart, *Eine kleine Nachtmusik*, 1. Satz – Beginn
	187	R. Dünser, *Exchange*

◆ Verzeichnis der Arbeitsblätter

Lehrerbuch Seite	**Arbeitsblatt**
12	*Notenwerte-Domino*
14	*Piccadilly-Marsch*
20	*Metrum*
58	*Kreuzworträtsel*
85	*Clair de lune*
87	*Dreiklänge*
108	*Menuett 1 und 2*
111	*Komposition*

Mit CLUB MUSIK 1 kompetenzorientiert unterrichten

Neben der Orientierung an den Themen und Inhalten von CLUB MUSIK 1 kann das Lernen der Schüler auch an den Kompetenzbereichen der Musik ausgerichtet werden. Die folgende Übersicht hilft, die musikbezogenen Teilkompetenzen bei der Unterrichtsplanung zu fokussieren und durch entsprechende Schwerpunktsetzungen den Kompetenzaufbau in den zentralen musikalischen Handlungsfeldern gezielt zu fördern.

Kompetenz-bereiche	Teilkompetenzen / Bildungsstandards Musik Die Schülerinnen und Schüler können ...	Inhalte CLUB MUSIK 1, kompetenzorientiert
Musik hören	... musikalische Parameter und Formverläufe hörend unterscheiden und beschreiben.	**Hören musikalischer Strukturen:** Seiten 11, 14/15, 35, 37, 39, 59, 68, 70, 75, 93, 94, 106,121, 126, 128/129, 136, 153, 173, 178
	... traditionelle und grafische Notation auf gehörte Musik beziehen.	**Hören mit Noten und Grafiken:** Seiten 22, 54, 55, 59, 68, 74/75, 86/87, 101, 106, 121, 122/123/124, 141, 150, 164, 171, 183, 184
Musik machen	... mit dem Körper und auf Instrumenten sicher musizieren, auch nach Noten und Zeichen.	**Musikstücke spielen und begleiten:** Seiten 5, 8, 9, 16,17, 20, 22, 24, 26, 29, 37, 38, 56, 66/67, 68/69, 70, 74, 88/89, 95, 98, 101/102,109/110, 115, 117, 119, 120, 135, 137, 145, 147, 149, 152, 157, 159, 179/180
	... körper- und stimmbewusst sowie mit sicherer Intonation singen.	**Körper und Stimme vorbereiten und singen:** Seiten 5, 6, 12, 23, 27, 33, 50, 51, 52–55, 58, 64, 66, 70, 71, 80, 85, 88/89, 91, 92, 95, 101, 113, 132, 134, 140, 144, 147, 158, 174, 182, 184/185
	... Instrumentalspiel und Gesang mit Hilfe musikalischer Parameter ausgestalten und Musik erfinden.	**Ausdruck gestalten:** Seiten 16/17, 26, 27, 35, 36, 42, 50, 52/53, 55, 57, 80, 91, 93, 98, 103, 135, 140, 145,146, 159, 167/168, 175, 182, 184, 185
Musik mit anderen Künsten verbinden	... Musik in Bewegung umsetzen und choreografieren.	**Sich zu Klängen und Musikstücken bewegen:** Seiten 10, 13, 35, 40, 65, 76–78, 79, 90, 91, 95/96, 97/98, 105, 108, 116, 121, 131, 139, 153/154, 176/177, 180/181
	... Musik nach Vorgaben oder eigenen Ideen bildlich, sprachlich oder szenisch umsetzen.	**Klänge und Musikstücke darstellen:** Seiten 130, 143, 160–162, 164–166, 183, 187
Musikkultur erschließen	... Musik und ihre Merkmale auf geschichtliche und kulturelle Zusammenhänge beziehen.	**Musikgeschichte, Komponisten und Genres:** Seiten 18–22, 28–30, 35, 39, 67, 69, 72–75, 76, 82–84, 86/87, 95/96, 106–108, 114–117, 119, 130, 136–139, 142/143, 148–154, 157, 160–163, 164–166, 167–169, 170–173, 175–177, 178–181, 183–187
	... Musik in ihrer Funktion für Mensch und Gesellschaft beschreiben.	**Musik und Umwelt:** Seiten 82–84, 99–101, 106, 126, 167–169, 170–173
Musiktheorie anwenden	... rhythmische, melodische, harmonische und formale Grundlagen der Musik fachgerecht beschreiben und beim Hören und Musizieren anwenden.	**Notenwerte, Rhythmus/Metrum/Takt, Tonhöhen/Melodie, Begleitung, Formverläufe:** Seiten 9–11, 24/25, 31–33, 38, 41/42, 46–50, 58–60, 61–63, 66–70, 88/89, 103–105, 111/112, 118/119, 133–135, 140/141, 152–154, 155, 159
	... musikalische Parameter und deren Zeichen zur Gestaltung nutzen.	**Zeichen für Lautstärke, Tempo, Klangfarben:** Seiten 34–36, 90, 93/94, 183–188
	... Kenntnisse zur Klangerzeugung und Instrumentenkunde beim Hören und Musizieren anwenden.	**Klangerzeugung, Instrumentenkunde, Besetzungen:** Seiten 6–7, 127–129, 159